美国《联邦农作物保险法》

冯文丽　薛玉红　译

中国财经出版传媒集团
中国财政经济出版社

图书在版编目（CIP）数据

美国《联邦农作物保险法》/ 冯文丽，薛玉红译
. -- 北京：中国财政经济出版社，2023.4
ISBN 978-7-5223-2049-6

Ⅰ. ①美…　Ⅱ. ①冯… ②薛…　Ⅲ. ①农业保险—保险法—汇编—美国　Ⅳ. ①D971.222.8

中国国家版本馆CIP数据核字（2023）第042541号

责任编辑：郁东敏　　责任印制：刘春年
封面设计：中通世奥　　责任校对：徐艳丽

美国《联邦农作物保险法》
MEIGUO《LIANBANG NONGZUOWU BAOXIANFA》

中国财政经济出版社 出版

URL：http：//www. cfeph. cn
E-mail：cfeph@ cfeph. cn

社址：北京市海淀区阜成路甲28号　邮政编码：100142
营销中心电话：010-88191522
天猫网店：中国财政经济出版社旗舰店
网址：https：//zgczjjcbs. tmall. com
北京财经印刷厂印刷　各地新华书店经销
成品尺寸：170mm×240mm　16开　**15.25印张　236 000字**
2023年4月第1版　2023年4月北京第1次印刷
定价：52.00元
ISBN 978-7-5223-2049-6
（图书出现印装问题，本社负责调换，电话：010-88190548）
本社图书质量投诉电话：010-88190744
打击盗版举报热线：010-88191661　QQ：2242791300

序

——希望有更多的外国农业保险法律介绍到中国来

（一）

美国《联邦农作物保险法》是1938年2月16日颁布的。在从最初颁布该法至今85年时间里，伴随着他们的政府支持的农业保险（我国称为“政策性农业保险”）的逐步试验到全面实施，这部法律也经历了不断发展和重大变化。冯文丽教授翻译和呈现给读者的这部《联邦农作物保险法》2018年（第20次）修订本，是迄今该法的最新版本。

美国《联邦农作物保险法》是美国国会通过的《美国农业调整法》的第五章（Title V）。经过冯文丽教授的详细考证，该法先后共修订了20次，修订时间分别为：1938年6月22日、1941年6月22日、1944年12月23日、1947年8月1日、1949年8月25日、1953年8月13日、1956年8月3日、1957年7月23日、1959年8月4日、1964年9月12日、1972年7月28日、1980年10月11日、1990年11月28日、1994年10月13日、1996年4月4日、1998年1月27日、2000年6月20日、2011年11月18日、2014年1月28日、

2018年12月20日。平均每4年修订一次。

这部《联邦农作物保险法》2018修订本，共分A和B两个部分，A部分是《联邦农作物保险法》，B部分为《补充农业灾害援助》。两部分共26节内容，详细规定了联邦农作物保险公司的设立和管理，农作物保险计划的各种要素，棉花、花生、牧草等具体险种，税收优惠，计划的合规管理，保险产品研发工作，各种试点项目，农业再保险以及无保险作物灾害援助计划和补充农业灾害援助计划等。

（二）

美国《联邦农作物保险法》的1980年（第12次）修订版本，我和赵居里教授曾经在1997年翻译出版过（参见庹国柱主编《国外农业保险：实践、研究和法规》1997年，陕西人民出版社，p463-478）。简单比较的话，两个版本变化巨大。从内容和篇幅上看，2018版本比1980版本丰富了很多。这是他们实践推动的结果。

在《联邦农作物保险法》1980修订版本执行期间，美国政策性农业保险的直接保险和再保险都是联邦政府的农作物保险公司（简称FCIC）一家经营，不让私营保险公司参与，不是像现在这样，直保业务主要由商业保险公司经营。那个时候，虽然保险标的已经扩展到几乎所有农作物，但保险产品主要是农作物产量保险，还没有现在这么丰富的种类，特别是还没有农作物收入保险，也没有家畜和家禽保险项目。收入保险是在1996年修订版本之后才开始试验的。那个时候州政府给购买农作物保险的农户，没有追加的保费补贴，现在的法律鼓励州政府在联邦政府补贴的基础上，给购买农业保险的农户提高补贴标准和额度。

在1980修订版本中，关于农业保险的大灾风险管理体系设计，也跟现在的法律规定有重大区别。因为当时对政府支持的农业保险，由FCIC实行垄断性经营。该法1980版规定，再保险之后的超赔责任，通过公开发行“农业大灾风险债券”来解决，大灾风险债券通过此后年份的保费收入分期兑付。当时，美国的风险管理局（RMA）也尚未成立，庞大的农业保险专业技术队伍都在FCIC公司里。

（三）

翻译出版这个译本，是非常有意义的。

第一，了解美国政府支持的农业保险的最新进展。法律的变迁反映的是实践的前进。美国是实行政策性农业保险最早的国家，从农险制度上来说也是最成熟的国家。他们的政策性农业保险的市场规模（以保费规模计）在2020年被我国超越之前，一直是世界上最大的。就制度的完善、经营的规范和监管的有效来说，目前也还是最有借鉴价值的。我国连续两年的农险保费规模超过了美国，这是巨大的胜利，但是，就制度、经营和监管诸方面，还需要做出较大努力，有必要借鉴包括美国在内的国际经验，不断改进和提升，尽快让我们从农业保险大国走向农业保险强国。

第二，了解美国农业保险的法律的最新变化。美国的有政府支持的农业保险，是在1938年立法之后，才开始试验的。按照当初法律，只有很少几种作物进行试验，政府的补贴也不高。其间因为试验中的问题，还被国会叫停过一年，但是还是坚持了下来，并在1980年第12 次修订这个法律之后，开始全面推行。法律的修订都是与实践的发展紧密相关。我没有统计过美国有多少部法律，但是总会有几千部，一部《农作物保险法》肯定是一个小法，但是他们修订的频率非常高，平均4年多修订一次，实际上有的修订时间间隔只有一年。足见政府的重视，也说明他们农业保险变化发展之快。农险实践变化了，法律就要及时跟上，才能适应发展的需要，让农业保险经营、管理和监督有法可依。比如说，1996年试验农作物收入保险，法律很快就反映进去，并且随着丰富多彩的收入保险产品的出现，法律给予充分肯定。这应该是他们收入保险产品丰富、业务发展迅速的重要原因。2021年，收入保险的保险费规模占全部的保险费总规模的83%以上，按照保险金额来算，比例更高。有一点很有意思，美国政府支持的农业保险，最初只是做农作物保险，所以法律名称是《联邦农作物保险法》。目前，美国政府支持的农业保险标的早已经从农作物扩展到林业和畜牧业，法律也跟着做出了改变和规范，但是法律的名字还是《联邦农作物保险法》。

第三，为我国修改条例和来日立法提供借鉴。我国暂时还没有《农业保险法》，现有的《农业保险条例》颁布实施也已经10年了。我们的农业保险发展速度也很快，无论政策、监管，还是业务经营，都与10年前有很大变化，很需要对《农业保险条例》作出修订，使农业保险能在法规支持下走得更快、更好，真正实现农业保险的高质量发展，并能在此基础上，早日启动农业保险立法。所以，当前出版这部美国最新的《联邦农作物保险法》，虽然中美国情差异巨大，法治环境也不同，立法体例、结构、行文都跟我国不一样，但我觉得，有些东西还是可以对我国即将启动的《农业保险条例》修订，乃至将来可能会起草的《农业保险法》提供一些借鉴。

（四）

冯文丽教授翻译这部2018年修订版《联邦农作物保险法》的过程比较辛苦，虽然不过7万多字，但是花费了将近一年时间，前前后后修改了五六遍，可谓字斟句酌。翻译法律和法律文书与翻译一般专业文章很不一样。除了英语水平之外，特别是需要很高的专业素养和文字功底。我阅读了这个译本，感觉翻译表述得比较准确。这使我想起一件至今感到遗憾的事：我国农险界都知道，日本独特的农业保险体制和法律，希望了解得更详细，就希望阅读他们的《农业灾害补偿法》（2017年已经改名为《农业保险法》）的中文译本。有次去我国台湾地区访问，看到一个台湾学者的翻译本，就有意拿到大陆来出版。结果一看译文，根本读不懂，可能是一个非专业人士翻译的，只好作罢。后来，国内一个访问考察团从日本回来，说是找人翻译，也是没有下文，大概是知难而退了。可见翻译法律文件是多么不容易。

我还是希望有更多其他国家的农业保险法律能够翻译介绍到中国来。我们需要了解世界各国的农业保险制度和实践，就需要了解他们的法律。借鉴世界上一切值得借鉴的经验，符合开放的中国的国策，也只有这样才能走好中国农业保险强国之路，才能加快我们实现乡村振兴和农业农村发展的战略。

冯文丽教授邀我为这本书做序，我啰啰嗦嗦写了上面这些话。

庹国柱

2023年3月1日于北京

目　录

附录

A部分　联邦农作物保险法

501节　本部分和其他条款的适用

本部分称为“联邦农作物保险法”，除另有说明外，第一至第四部分出现的“法”不适用于本部分，而且“法”一词无论出现在这四部分中的何处，都不包括本部分内容。

502节　目的和定义

（a）目的

本法旨在通过健全的农作物保险制度，提高农业的经济稳定性，并为设计和建立此类保险提供有益的研究手段和经验，最终实现提高公民福利的终极目标。

（b）本法使用的定义

（1）追加保险。“追加保险”是指所提供的保障水平高于巨灾风险保险的农作物保险计划。

（2）认可保险公司。“认可保险公司”是指经联邦农作物保险公司批准、为参与本法设立的联邦作物保险计划的生产者提供保险的私人保险公司。

（3）初级农牧场主。“初级农牧场主”是指经营管理农牧场不足5年、对农牧场上的农作物以经营者、地主、佃户或佃农身份具有可保利益的农牧场主。

（4）董事会。“董事会”，是指根据第505（a）小节成立的联邦农作物保险公司董事会。

（5）公司。“公司”指根据第503节成立的联邦农作物保险公司。

（6）保险作物终止。“保险作物终止”是指在历史和合理情况下终止保险作物生长的做法。

（7）部门。“部门”指的是美国农业部。

（8）农场财务基准。“农业财务基准”的意思是：

（A）通过使用可比较和可靠的数据，将农业企业的绩效与其他类似企业进行比较的过程，以确定企业管理的优势、劣势和提高管理绩效和业务盈利能力的必要步骤；

（B）农场管理和生产者协会根据《1990年食品、农业、保护和贸易法》第1672D节所述活动执行的基准类型。

（9）大麻。“大麻”的含义与《1946年农业营销法》第297A节规定相同。

（10）赔付率。“赔付率”是指联邦农作物保险公司对符合条件的农作物保险单支付的赔款金额与预期损失和合理准备金对应部分保险费的比例，经营管理费用部分对应的保费除外。

（11）有机农作物。“有机农作物”是指符合《1990年有机食品生产法》第2103小节规定的有机生产农产品。

（12）部长。“部长”是指农业部部长。

（13）过渡性产量。“过渡性产量”是指出现下列情况时，由联邦农作物保险公司根据规定对某一农事年每英亩最高平均产量或类似指标进行规定：

（A）生产者不能提供可接受的当年农作物产量和面积的证明文件；或

（B）生产者不能提交联邦农作物保险公司或再保险公司要求的可接受文件。

（14）退伍军人农牧场主。“退伍军人农牧场主”是指符合下列条件的农牧场主：

（A）曾在武装部队服役（根据《美国法典》第38篇第101节的定义）；及

（B）（i）没有经营过农牧场；（ii）经营农牧场不足五年；或（iii）在最近5年首次获得老兵身份。

（c）机密信息保护

（1）一般性泄密禁令。除以下第（2）款另有规定外，农业部长、农业部或其机构的官员或雇员、认可保险公司及其雇员和承包商，以及任何其他人均不得向公众披露生产者根据本法提供的信息。

（2）经授权的披露。

（A）以统计或汇总表方式进行的披露。如第（1）款所述信息已转换为不能识别信息提供者的统计表或汇总表，则可向公众披露。

（B）生产者同意。生产者可同意披露第（1）款所述信息。生产者参与本法或由部长管理的其他项目并获得利益，不得以生产者提供本款规定的同意为条件。

（3）违规和处罚。《1985年食品安全法》第1770（c）小节适用于以本小节所禁止的方式或目的而收集的信息披露。

（4）信息。

（A）请求。根据第（B）项规定，农场服务局应及时向代理人或生产者授权的认可保险公司提供信息（包括农场服务局表格）或地图（地图或表格的更正），以协助代理人或认可保险公司向生产者提供本法下的保险单或保险计划。

（B）隐私。除第（C）项规定外，收到第（A）项所涉生产者信息的代理人或认可保险公司应按照第（1）款规定处理信息。

（C）共享。本节中的规定都不禁止生产者的代理人和认可保险公司之间分享第（A）项中所涉生产者的信息。

（d）与其他法律的关系

（1）保险单和保险计划的条款和条件。根据本法由联邦农作物公司提供的保险单或保险计划的条款和条件不得：

（A）受商品期货交易委员会或证券交易委员会的管辖；

（B）被视为账户、协议（包括具有下列性质或带有下列词汇的任何交易："期权""特权""赔偿""投标""出价""要约”“看跌”“看涨”“预付担保”或“价格下跌担保”）；或合同市场上根据《商品交易法》涉及未来交付、交易或执行的商品销售合同的交易。

（2）对商品期货交易委员会和《商品交易法》的影响。对于认可保险公司依法利用合同市场抵销保险单或保险计划风险的交易，本法并不影响商品期货交易委员会的管辖权或《商品交易法》的适用性。

503节　成立联邦农作物保险公司

为实现本法的目的，特此设立被称为“联邦农作物保险公司”的法人机构。联邦农作物保险公司总部位于哥伦比亚特区，可根据董事会规定的规章制度在美国其他地方设立分支机构。

504节　股本

（a）联邦农作物保险公司拥有政府认购的5亿美元的股本，经部长批准，董事会应要求全部或部分付款。

（b）授权划拨认购联邦农作物保险公司股本所需的款项。

（c）政府认购的股份，由联邦农作物保险公司向财政部部长签发付款收据，作为政府拥有股份的凭证。

（d）在《1980年联邦作物保险法》颁布日后30天内，财政部部长应取消在颁布日还未支付的联邦农作物保险公司股票的付款收据，该收据不再是联邦农作物保险公司的负债。

505节　联邦农作物保险公司管理

（a）董事会

（1）成立。联邦农作物保险公司的管理应授予董事会，并接受部长的日常监督。

（2）组成。董事会应仅由以下成员组成：

（A）联邦农作物保险公司经理，他是无投票权的当然成员。

（B）负责联邦农作物保险计划的农业部副部长。

（C）另外一名农业部副部长（由农业部部长指定）。

（D）农业部首席经济学家。

（E）有农作物保险业务经验的人。

（F）有再保险或保险监管经验的人。

（G）4名有效的投保生产者，此4人来自美国不同地区，代表重要农作物的生产者，其中至少要有一名特种农作物生产者。

（3）私营部门成员的委任。第（2）款第（E）（F）和（G）项所涉董事会私营部门成员：

（A）由部长任命；

（B）不能再担任联邦政府其他职务；

（C）由部长决定任期4年；及

（D）连续任期不得超过两届。

（4）主席。董事会应在董事会成员中选举1名主席。

（b）董事会只要有4名成员任职，就不会对董事会执行联邦农作物保险公司职权造成任何影响，4名成员任职是董事会处理业务的法定人数。

（c）联邦农作物保险公司董事如果也是农业部雇员，其担任联邦农作物保险公司董事提供服务就不能获得额外报酬，但在哥伦比亚特区以外从事联邦农作物保险公司业务时，可报销必要的差旅和生活费用。对没有在联邦政府任职的董事，应向其支付董事服务报酬，具体标准由农业部部长决定。此类报酬不得超过《美利坚合众国法典》第5编第5332节规定的GS-18级的日薪标准，还可以根据《美国法典》第5编第5703节规定，对在其住所或正常营业地点以外间歇性从事联邦农作物保险公司业务的政府公务人员支付必要的旅行和生活费用，或以每日津贴代替生活费用。

（d）联邦农作物保险公司总经理为执行总裁，具有董事会授予的权力及职权。总经理由部长任命。

（e）对保险单、保险计划和相关材料的专家审查。

（1）专家审查。董事会制定相关程序，对保险单、保险计划与保险单或保险计划相关的材料及修改，应由董事会聘请精算师和有承保经验的人员进行独立审查。

（2）审查联邦农作物保险公司保险单和保险计划。除第（3）款规定外，董事会须与至少5人签订合同，分别对保险单或保险计划进行审查，其中：

（A）在联邦政府任职的人数不超过1人；及

（B）由认可保险公司按照董事会规定程序指定至少1人。

（3）审查私人提交的文件。根据第（1）款进行的审查涉及保险单或保险计划，或根据第508（h）小节提交与保险单或保险计划相关材料或对其修改：

（A）董事会须与至少5人签订合同，分别对保险单或保险计划进行审查。其中，联邦政府的雇员不超过1人，不得受雇于认可保险公司；及

（B）每次审查必须在第508（h）（4）（D）项规定的120天期限的最后30天内完成并提交给董事会。

（4）审查的考量。董事会应把根据本小节所做的审查包含在对保险单、保险计划或与其相关材料或修改的考量因素之内。

（5）审查费用。根据本小节进行审查的每份合同，应按照第516（b）（2）（A）（i）项给予资助。

（6）与其他合同授权的关系。本小节规定的合同授权是董事会根据第506（I）小节可行使的任何其他合同授权的补充。

506节　一般权力

（a）继承权

联邦农作物保险公司有连续使用公司名称的权利。

（b）公司印章

联邦农作物保险公司可以采用、更改和使用联邦农作物保险公司印章，并依法作出通告。

（c）财产

联邦农作物保险公司可以购买、租赁和持有经营业务必需的不动产及

动产，并可按合理的条件处置所持有的财产。

（d）起诉

第508（j）（2）（A）项规定，联邦农作物保险公司可依据第508（j）小节规定以公司名义起诉和应诉，但不得对联邦农作物保险公司或其财产施加查封、禁令、扣押或其他类似的法律程序。美国地区法院，包括哥伦比亚特区和任何领土或属地的地区法院，对联邦农作物保险公司所有的起诉和应诉具有排他的初审司法管辖权，而不考虑诉讼金额。联邦农作物保险公司可参与涉及其利益的任何法院的诉讼或诉讼程序。对联邦农作物保险公司的任何诉讼应在哥伦比亚特区或原告居住或从事业务的地区提起。

（e）规章和制度

联邦农作物保险公司可通过、修改和废除管理其业务经营方式及行使和享有法律所授予权力的章程、规则和规章。

（f）邮件

联邦农作物保险公司有权以与其他政府行政机构相同的方式使用美国政府的邮件。

（g）援助

经政府有关董事会、委员会、独立机构或行政部门同意，联邦农作物保险公司在执行本法条款时可使用其信息、服务、设施、官员及员工。

（h）收集和分享信息

（1）调查。联邦农作物保险公司可对农作物保险、农业相关风险和损失及与执行本法有关的其他问题进行调查。

（2）数据收集。

（A）通则。联邦农作物保险公司应收集数据，以便为农作物保险建立健全的精算基础。

（B）国家农业统计局。国家农业统计局收集的数据，无论出版或未出版，均应以汇总形式提供给联邦农作物保险公司以便其提供本法下的保险；联邦农作物保险公司要按照《1985年食品安全法》第1770小节和《2002年机密信息保护和统计效率法》的相关规定对数据保密。

（C）无保险农作物灾害援助计划。在根据本项收集数据时，部长应确保：

（i）收集依据《1996年联邦农业改进和改革法案》第196条建立的无保险农作物灾害援助计划的数据；

（ii）农场服务局每年至少分享一次这些数据。

（3）分享记录。尽管有第502（c）小节的规定，但根据本法和《农业市场转型法》第196节提交的记录，应提供给农业部有关机构和地方办公室、相关州和联邦的机构和部门、根据第522（b）（2）（E）项收到付款的投保人及认可保险公司，帮助他们执行本法、第196节的内容和其他农业项目。

（i）支出

联邦农作物保险公司可以决定其在本法下开支的性质和必要性及其发生、允许和支付的方式，不必考虑其他公共资金开支法律的规定。该决定对政府所有其他人员具有最终约束力。

（j）理赔

对由或向联邦农作物保险公司或财务官员提出的索赔要求，联邦农作物保险公司作出最终和决定性的理算和结算。

（k）其他权力

联邦农作物保险公司应拥有特别授予的行使本法必要的或适当的权力，及联邦农作物保险公司通常享有的所有附带权力。

（l）合同

根据董事会决议，联邦农作物保险公司可订立和履行合同和或协议，制定业务运作所需的规则。如果这些合同、协议或规则与州和地方的法律法规不一致或不适用，则州和地方的法律法规可以不适用这些合同、协议和规则。

（m）提交资料

（1）社会保障账户和雇主身份号码。联邦农作物保险公司应要求投保人根据《社会保障法》第205（c）（2）（iii）项规定提交社会保障号码，根据《1986年国内税收法》第6109（f）小节规定提交雇主身份号码，以此作为参加多危险农作物保险计划的条件。

（2）投保人的通知。投保人应将本法的要求和限制通知给每个对投保人拥有重大受益利益的个人和机构。

（3）重大受益利益者的身份。联邦农作物保险公司经理可要求投保人按照规定时间和方式向其提供对投保人拥有重大受益利益者的姓名。

（4）定义。就本款而言，“重大受益利益”是指不少于投保人所有受益利益的5%。

（n）精算可靠性

（1）截至1995年10月1日的预计赔付率。联邦农作物保险公司应采取必要措施，提高本法所提供的联邦多危险农作物保险的精算可靠性，以实现1995年10月1日及以后总赔付率不超过1.1，包括：

（A）建立被保险生产者提供实际生产历史资料的要求，以使联邦农作物保险的记录或评估产量能够更准确反映精算风险，但联邦农作物保险公司不得以阻止初级农民（由部长定义）获得联邦农作物保险的方式执行本款；

（B）可以在切实可行的范围内建立基于区域产量的农作物保险选择，当被保险生产者农场所在地的特定区域发生损失，被保险生产者即有资格获得赔偿；

（C）建立包含参保生产者、代理人和损失理算员的社会保险账户和雇员识别号的数据库，使用该数据识别高风险的参保生产者、代理人和精算师，及生产历史记录未满4年的参保生产者，以评估保险提供商的业绩及法律允许的其他目的；

（D）在对农业生产者保证公平和有效风险保障的同时，采取法律授权的其他措施提高联邦农作物保险计划的精算可靠性。

（2）预计赔付率。联邦农作物保险公司应采取必要行动，包括收取足够的保费，提高本法下提供的联邦多危险农作物保险的精算可靠性，以实现总体预计赔付率不超过1.0。

（3）非标准分类系统。如果联邦农作物保险公司使用非标准分类系统，则应以公平和一致的方式将该系统适用于所有参保生产者。

（o）规章制度

部长和联邦农作物保险公司均有权发布执行本法所需的规章制度。

（p）购买美国制造的设备和产品

（1）国会意见。在切实可行的最大范围内，联邦农作物保险公司使用其资金购买的所有设备和产品都应该是美国制造的。

（2）通知要求。联邦农作物保险公司在为任何实体提供援助或与其签订合同购买执行本法所需设备和产品时，应在最大可行范围内向该实体提供一份通知，描述第（1）款中所述声明。

（q）反馈询问的程序

（1）程序。联邦农作物保险公司应制定程序，以对本法或依据本法所制定规则的询问解释作出最终的机构裁定。

（2）实施。在本法颁布之日起180日内，联邦农作物保险公司应制定相关制度以实施本法。该制度至少应规定：

（A）向联邦农作物保险公司提交第（1）款中所述询问的方式；及

（B）联邦农作物保险公司对所有询问进行答复的合理时限。

（3）未能及时反馈的结果。如果联邦农作物保险公司未能按照本小节规定的程序反馈询问，要求解释本法或规定的人可以假定解释对于适用的再保险年度是正确的。

507节　人事

（a）部长根据公务员法律法规任命联邦农作物保险公司业务经营所需

的高管人员和雇员，依据修订后的《1949年分类法》确定报酬、权利和职责，并由部长授予适当的联邦农作物保险公司的管理权限。但按小时、日或月支付报酬的人员，可以指定并固定其报酬，不必考虑依据公务员法律法规或修订后的《1949年分类法》。

（b）1916年9月7日通过的《美国雇员履职期间受伤赔偿法》适用根据本法规定获得就业的人员，包括本节第（c）小节所述委员会和协会的雇员及成员。

（c）在执行本法时，董事会应在最大限度内：

（1）建立或使用生产者委员会或协会，并向其支付合作执行本法所产生的行政和项目费用。

（2）与私营保险公司、私营评级机构和其他相关机构签订合同，提供与保险损失理算和费率计划相关的服务及其他服务，以避免联邦政府重复提供从私营部门随时可能获得的服务，使联邦农作物保险公司集中精力监管根据本法提供的保险条款，评估根据第508（h）小节或523节提交的新产品和材料，支付由董事会根据保险行业普遍条款和赔偿费率决定的管理和项目费用。

（3）鼓励通过有执照的私人保险代理人和经纪人出售联邦农作物保险，投保人有权通过该代理人和经纪人续签保险。在这种情况下，代理人或经纪人应从投保人支付的保险费中得到合理报酬，以认可代理人或经纪人提供持续服务的作用，但该报酬不得包括在保险费率的计算中。如果由于联邦农作物保险公司或交易对手的错误和遗漏导致代理人或经纪人被起诉或承担责任，董事会应从联邦农作物保险公司向该代理人或经纪人提供赔偿，包括诉讼费和合理的律师费，但代理人或经纪人造成错误或遗漏的情况除外。本法中不允许联邦农作物保险公司与其他人订立合同，履行审查和批准根据第508（h）小节提交的保险单、费率和其他材料的责任。

（d）部长可将根据第516节提供的资金分配给农业部相关机构，或移交给州和联邦政府的其他机构，以协助执行本法的工作。

（e）在执行本法规定时，董事会可酌情利用生产者拥有和控制的合作组织。

（f）使用联邦机构的资源、数据、董事会和委员会。如董事会认为有必要，应在最大可行范围内使用下列机构的资源、数据、董事会和委员会：

（1）自然资源保护局，协助董事会进行土地风险和生产能力分类；考虑可接受的保护措施，包括良好的耕作方式。

（2）林业局，协助董事会制定森林保险计划。

（3）农场服务局，协助董事会确定生产者的产量；分享关于初级农牧场主和退伍军人农牧场主的信息；调查潜在的浪费、欺诈或滥用；共享信息以支持农作物和县从《1996年联邦农业改进和改革法》第196节制定的无保险农作物灾害援助计划向本法下的保险过渡；作为当地联系点，向农牧场主宣传风险管理选择信息。及

（4）其他联邦机构，以董事会认为必要的方式协助董事会执行本法。

（g）特种作物协调员。

（1）通则。联邦农作物保险公司应设立一个“特种作物协调员”的管理职位。

（2）特种作物协调员主要负责解决特种作物生产者的需求，向联邦农作物保险公司提供改善和扩大特种作物保险计划的信息和建议。在执行本款时，特种作物协调员应作为联邦农作物保险公司与特种作物生产者代表的联络人，协助联邦农作物保险公司掌握生产者的情况和专业知识，熟悉与特种作物相关的风险管理和生产事宜。

（3）特种作物协调员应使用从特种作物具有重大经济影响的州的联邦农作物保险公司分支机构提供的信息及其他信息来源，包括推广服务机构和高效的信息。

（4）特种作物联络人。特种作物协调员应该：

（A）在每个区域的外地办事处指定一个特种作物联络人；及

（B）与特种作物生产者分享特种作物联络人的联系信息。

（5）网站。特种作物协调员应建立一个网站，重点关注和努力的方向是联邦农作物保险公司为特种作物生产者提供和扩大农作物保险。

508节　农作物保险

（a）提供保险授权

（1）通则。如果有联邦农作物保险公司认定的足够精算数据，联邦农作物保险公司可为其所确定的相关农产品提供一项或多项保险计划，为在美国种植农产品的生产者提供保险，或为保险公司提供再保险。为了符合保险计划下的保险条件，被保险商品的损失必须是由部长认定的干旱、洪水或其他自然灾害造成。

（2）期限。除烟草、土豆、红薯和大麻外，保险期限不得超过被保险商品在田间的时间。对于水产养殖品种，前述“田间”一词是指该商品生产的环境。

（3）排除生产者因某些行为造成的损失。

（A）除外责任。根据本小节提供的保险不包括：

（i）因生产者的疏忽或渎职造成的损失；

（ii）生产者未能在适合重新播种的地区和情况重新播种同一作物；或

（iii）生产者未能遵守良好的耕作方法，包括科学合理可持续和有机的耕作方法。

（B）良好耕作方法裁定的审查。

（i）非正式管理程序。生产者有权根据联邦农作物保险公司建立的非正式管理程序，对第（A）（iii）项良好耕作方法的裁定进行审查。

（ii）行政复议。

（Ⅰ）没有不利的裁定。根据《1994年农业部重组法》H条，该裁定不应被视为不利裁定。

（Ⅱ）撤销或修改。除第（i）项规定外，不得因随后的行政复议而撤销或修改该裁定。

（iii）司法审查。

（Ⅰ）审查权。生产者有权对该裁定进行司法审查，不必使用第（i）项规定的审查权力。

（Ⅱ）撤销或修改。除非该裁定被认为是武断的或随意的，否则该裁定不得因司法审查的结果而撤销或修改。

（C）马铃薯收入保险的限制。本法提供的保险单或保险计划（包括董事会在（h）小节下批准的保险单或保险计划）不弥补因马铃薯收入减少而造成的损失，但由联邦农作物保险公司决定的全农场保险单或保险计划承保的除外。

（4）扩展到其他地区或单一生产者。

（A）地区扩展。对于波多黎各联邦、维尔京群岛、关岛、美属萨摩亚群岛、北马里亚纳群岛联邦、马绍尔群岛共和国、密克罗尼西亚联邦和帕劳共和国的生产者，联邦农作物保险公司可依据本节规定以在美国生产农产品相同的方式提供保险或再保险计划。

（B）生产者扩展。在美国或第（A）项规定的地区，对于没有农作物保险的特定农作物，如果生产者拥有该作物或类似作物生产的完整精算数据，而且这些数据能被联邦农作物保险公司接受，联邦农作物保险公司则可与该生产者达成协议提供本法下的保险。

（5）宣传农作物保险信息。

（A）可用信息。联邦农作物保险公司应通过农业部分支机构向生产者提供：

（i）有关联邦农作物保险的最新和完整信息；及

（ii）提供在生产者所在地区销售农作物保险的代理人和保险公司的清单。

（B）使用电子方法。

（i）联邦农作物保险公司宣传。联邦农作物保险公司应将第（A）项所述信息以电子方式提供给生产者和认可保险公司。

（ii）提交联邦农作物保险公司。联邦农作物保险公司应鼓励生产者和认可保险公司尽量使用电子方式向联邦农作物保险公司提交所需资料。

（6）新增作物和特种作物（包括增值作物）。

（A）年度审查。在《2018年农业改革法》颁布日1年内及此后每年，联邦农作物保险公司经理应在最大可行范围内根据《1996年联邦农业改进和改革法》第196节建立的无保险农作物灾害援助计划共享的数据准备书面协议或其他数据，并向董事会提交一项以上的下列文件：

（i）为目前没有保险单或保险计划的商品研发保险单或保险计划。

（ii）将现有保险单或保险计划扩展到其他县或州，包括啤酒大麦签注或合同选项。

（iii）为已有保险单或保险计划的商品研发新的保险单或保险计划，如美元计划。

（B）报告。在本法颁布日后1年以内及此后每年，联邦农作物保险公司应向国会报告将本法下农作物保险覆盖范围扩大到新作物和特种作物的进展和预计时间表。

（7）为各州和服务不足的生产者提供充分保险。

（A）本款的定义：

（i）充分服务。“充分服务”是指按农作物计算的参与率至少占全国平均参与率的50%。

（ii）服务不足的生产者。“服务不足的生产者”包括初级农牧场主、退伍军人农牧场主和社会弱势农牧场主（包括印第安部落成员）。

（B）审查。董事会应利用董事会或部长提供的资源和资料，审查本法下认可保险公司提供的保险单和保险计划，包括为服务不足的生产者提供的保险单和保险计划，以确定每个州是否得到了保险单和保险计划的充分服务。

（C）报告。

（i）通则。根据（B）项完成审查后30天内，此后不少于每3年一次，董事会应向众议院农业委员会和参议院农业、营养和林业委员会提交一份描述审查结果的报告。

（ii）建议。第（i）项下的报告应包括增加保险单和保险计划没有充分服务的州和生产者参与的建议，包括对行政行动计划或国会行动的建议。

（8）对棉花和水稻的特别规定。

尽管本法有其他规定，从2001年开始联邦农作物保险公司应在本法下对陆地棉、超长绒棉和水稻提供保险计划，包括未种植保险和重新种植保险，承保陆地棉和水稻由于干旱和咸水入侵造成的灌溉水供应失败造成的损失。

（9）保费调整。

（A）禁止。除（B）项另有规定外，任何人均不得在购买保险前后直接或间接支付、允许或给予，或提议支付保险单中所列保险费的回扣、折扣、减免、信用或减少，或保险单中未规定的其他有价值的对价或诱惑。

（B）例外情况。第（A）项不适用于下列情况：

（i）根据第（b）（5）（B）项授权的付款；

（ii）根据第（d）（3）款授权的基于业绩的折扣；或

（iii）赞助红利或类似付款，支付主体有：

（Ⅰ）经联邦农作物保险公司批准按照第（b）（5）（B）项规定在本款颁布之前生效的2005、2006或2007再保险年度支付上述款项的实体；及

（Ⅱ）以与本公司根据该款批准的实体在适用再保险年度支付计划相一致的方式。

（C）公布违规行为。

（i）公布要求。根据第（ii）项，联邦农作物保险公司应及时在风险管理局网站发布每次违反本法的信息，包括对违反行为实施的制裁，这些信息要足够翔实，以便能够对认可保险公司、代理人和生产者提供有效指导。

（ii）隐私保护。根据第（i）项公布有关违反本法规定的信息时，联邦农作物保险公司应编辑违法个人和实体的身份以保护其隐私。

（10）佣金。

（A）直系亲属的定义。本款中的“直系亲属”是指某个人的父

亲、母亲、继父、继母、兄弟、姐妹、继兄弟、继姐妹、儿子、女儿、继子、继女、（外）祖父母、（外）孙子、（外）孙女、公公（岳父）、婆婆（岳母）、连襟、妯娌、女婿、媳妇及上述人员的配偶和本人的配偶。

（B）禁止。任何个人（包括子代理人）在下列情况下不得直接或间接通过实体获得因销售、服务本法下保险单或保险计划取得报酬（包括佣金、利润分成、奖金或任何其他直接或间接利益）：

（i）该个人在保险单或保险计划中具有重大受益利益，或直系亲属具有重大受益利益；及

（ii）就销售或服务符合第（i）项所述条件的保单或保险计划，应支付给个人的报酬总额超过30%，或州法律规定的个人为销售、服务本法下的所有保险单和保险计划直接或间接获得的再保险年度报酬总额的百分比，两者以较低者为准。

（C）报告。在再保险年度结算日期后90天内，因销售、服务本法下保险单或保险计划直接或间接收到报酬的个人，应向相关认可保险公司证明收到的报酬符合本款规定。

（D）制裁。第515（h）小节规定的程序要求和制裁应适用于违反本款的起诉。

（E）适用性。

（i）通则。对违反本款规定的制裁仅适用于直接负责第（C）项要求的认证或未遵守本款要求的个人或实体。

（ii）禁止。不得制裁获得赔偿的保险单或保险计划，包括这些保险单或保险计划的再保险。

（11）覆盖作物。

（A）通则。如果按照（B）项终止覆盖作物，根据第（3）（A）（iii）项自愿进行覆盖种植应被视为一种良好的耕作方式。

（B）终止。

（i）通则。终止覆盖作物应按照：

（I）部长制定的准则；或

（Ⅱ）根据第（ii）条批准的准则例外情况。

（ii）准则例外情况。联邦农作物保险公司应批准第（i）（Ⅰ）项下的准则例外情况，如果该准则例外情况由：

（Ⅰ）自然资源保护局建议；或

（Ⅱ）联邦农作物保险公司确定的农业专家建议，除非联邦农作物保险公司认为该例外情况不合理。

（C）后续作物的可保性。如果根据第（B）项终止覆盖作物，则覆盖作物终止不影响随后种植的可保作物的可保性。

（D）夏季休耕。在夏季休耕是可保行为的县，根据第（B）项终止的覆盖作物应被视为夏季休耕。

（b）巨灾风险保障

（1）保险的适用性

联邦农作物保险公司应提供巨灾风险保障计划，当生产者因干旱、洪水或由农业部长认定的其他自然灾害无法种植其他作物时，以补偿生产者因产量下降或无法种植造成的作物损失。

（2）保险金额

（A）通则。根据第（B）项规定：

（i）对于1995年至1998年农事年，巨灾风险保险应对单个产量或区域产量按照产量损失的50%、预期市场价格的60%进行赔偿，或由联邦农作物保险公司确定的同等保障水平；及

（ii）对于1999年及以后的农事年，巨灾风险保险应对单个产量或区域产量按照产量损失的50%、预期市场价格的55%进行赔偿，或由联邦农作物保险公司确定的同等保障水平。

（B）减少实际付款。联邦农作物保险公司规定，巨灾风险保障下对生产者的索赔支付可能会减少，减少的金额与生产者对没有种植、生长或收获的索赔农作物少付的费用成比例。

（3）巨灾风险保险的替代品

从2001农事年开始，联邦农作物保险公司应向农产品生产者提供下列

之一的选择：

（A）第（2）（A）项中规定的巨灾风险保障保险。

（B）巨灾风险保障保险的替代品：

（i）如果为农场所在县的农产品提供了该种保险单或保险计划，则按区域产量和损失赔偿生产者；

（ii）按照国家统一标准的产量和价格组合提供高于（2）（A）项规定的保障水平的保险；及

（iii）联邦农作物保险公司根据（e）（2）（A）项提供与第（2）（A）项相当的保险。

（4）巨灾风险保险的销售。

（A）通则。巨灾风险保险可由下列机构提供：

（i）认可保险公司提供，如果该区域有认可保险公司，则由认可保险公司提供；和

（ii）部长根据需要选择农业部当地办事处提供。

（B）需要。在考虑第（A）（ii）项下的需要时，部长可考虑最有效和最具成本效益的资源利用、人员的可用性、对当地生产者的公平、当地生产者的需要和便利及私人保险公司的可用性。

（C）销售保险。

（i）通则。在与认可保险公司充分协商后，如果部长认为该州或该州部分地区认可保险公司数量不足以向生产者充分提供巨灾风险保险，部长可通过农业部当地办事处继续在该州（或该州部分地区）提供巨灾风险保险。

（ii）认可保险公司承保。如果部长认为认可保险公司在一个州（或该州部分地区）能够充分提供巨灾风险保险，只有认可保险公司才能在该州或该州部分地区提供保险。

（iii）决定的时间。部长应在本法颁布后90天内，宣布第（i）项关于1997农事年保险单的决定结果。在随后的农事年，部长应在农作物生产前一年4月30日前，或与那些巨灾风险保险由农业部当地办事处提供、受影

响的农业保险公司协商一致的其他时间作出相应公告。

（iv）现行保险单。本条款自1997农事年开始生效。根据第（ii）项规定，农业部当地办事处承保的所有巨灾风险保险单都应移交给认可保险公司以履行销售、服务和损失理算职能。转让时未收取的与该保险单有关的费用，应支付给承担该保险单的认可保险公司。销售截止日期在1997年1月1日之前的1997农事年的保险单转让程序，应从部长根据第（iii）项宣布的时间开始，在农作物和县的销售结束日期之前截止。所有后续保险单（包括1998及以后农事年的保险单）的转让程序应从允许该过程的日期开始，在销售结束日期前45天内完成。

（5）管理费用。

（A）基本费用。每个生产者应对每县每种农作物支付655美元的巨灾风险保险管理费。

（B）代表生产者支付巨灾风险保险费用。

（i）授权支付。如果州法律允许保险公司向合作协会或贸易协会支付许可费，并通过支付巨灾风险保险管理费退还给生产者，位于该州的合作协会或贸易协会可以代表该州或相邻州的协会成员支付本款为巨灾风险保险所要求的全部或部分管理费。

（ii）选择供应商。本法不限制生产者选择获得许可的保险代理人或保险公司购买保险单和保险计划，也不限制其拒绝根据第（i）项提供付款的保险。

（iii）销售保险。根据第（i）项付款的巨灾风险保险应由有执照的保险代理人或其他认可保险公司销售。

（iv）鼓励追加的保险。合作协会或贸易协会及认可保险公司，应鼓励生产者成员购买适当水平的保险，以满足会员生产者的风险管理需要。

（C）付款时间。本款规定的管理费应由生产者在支付追加保险费用的同一日期支付。

（D）管理费的使用。

（i）通则。根据本款支付的款项应存入根据第516（c）小节设立的农作物保险基金，以用于联邦农作物保险公司的计划和活动。

（ii）限制。根据本款存入农作物保险基金的资金，不得用于报销认可保险公司或代理人根据本法提供服务的费用。

（E）豁免管理费。

（i）通则。联邦农作物保险公司应对有限资源农牧场主、初级农牧场主和退伍军人农牧场主豁免本款规定的管理费。

（ii）协调。联邦农作物保险公司应与农业部为第（i）项所述农牧场主提供项目或服务的其他机构协调，根据该款提供豁免管理费的保险，共享资格信息，减少文书工作，避免重复工作。

（6）参与要求。

生产者须对某县所有可保土地上的农作物购买巨灾风险保险。

（7）基于风险的限制。

联邦农作物保险公司可根据保险风险，限制任何县、地区、农场的巨灾风险保险的保障范围。

（8）1995农事年的过渡保险。

对于1995年种植的农作物或在1995年1月1日之前附加的保险，联邦农作物保险公司应允许农作物生产者在不迟于《1994年联邦农作物保险改革法》颁布之日起180天内，为该农作物获得巨灾风险保险。在该法颁布之前及时购买并已生效农作物保险单的生产者也有资格享有（c）项下类似追加保险的利益。

（9）简化。

（A）巨灾风险保险计划。在制定和执行本法下巨灾风险保险计划的保险单和程序时，联邦农作物保险公司应最大限度地减少计划各方的文书工作，降低计划管理程序（包括申请、处理和服务）的复杂性和成本。

（B）其他计划。在不损害农作物保险计划精算可靠性或完整性的前提下，根据（A）项制定的保险单和计划可适用于本法下提供的其他保险计划。联邦农作物保险公司应在本法生效日后合理的期限内，将该保险单和计划适用于其他保险计划。

（10）损失理算。

认可保险公司或代理人支付的巨灾风险保险损失理算费率，不得超过用于确定巨灾风险保险赔付率保险费的6%。

（c）一般保障水平

（1）一般追加保险。

（A）通则。联邦农作物保险公司应向在美国种植农产品的生产者提供更高保障水平的农作物保险计划。

（B）购买。如果认可保险公司有追加保险，生产者须向认可保险公司申请购买追加保险。如果认可保险公司没有追加保险，联邦农作物保险公司可以直接向生产者提供追加保险计划。

（2）信息移交。

如果生产者已经向农业部当地办公室申请巨灾风险保险，并选择购买追加保险，生产者的相关农作物信息应移交给服务追加保险的认可保险公司。

（3）产量和损失选择依据。

生产者可依据下列选项购买追加保险：

（A）个人产量和损失或区域产量和损失；

（B）个人产量和损失，辅以区域产量和损失，用以保障第（4）（C）项规定的个人产量损失保险单的部分免赔额；或

（C）仅保差额或结合（A）或（B）项下的保障水平。

（4）保障水平。

（A）美元面值和产量百分比。除（C）项规定外，保障水平：

（i）应以美元计价；及

（ii）可购买的保障水平不超过个人产量的85%或区域产量

的95%（由联邦农作物保险公司决定）。

（B）信息。联邦农作物保险公司应向生产者提供以美元为单位的巨灾风险保险和追加保险保障水平的信息（在本款规定的保障水平允许范围之内）。

（C）补充保险选项。

（i）通则。尽管有（A）项规定，对于第（3）（B）款所述的补充保险选项，联邦农作物保险公司应向生产者提供购买保险单或保险计划的机会，向生产者支付相当于保险单或保险计划下一部分免赔额的赔偿：

（Ⅰ）尽可能用县一级数据；或

（Ⅱ）在缺乏足够数据的县，联邦农作物保险公司可选择能提供足够数据的更大地理区域。

（ii）触发机制。第（3）（B）项和第（i）项提供的保险仅在该地区损失超过了正常水平14%（由联邦农作物保险公司确定）的情况下触发。

（iii）保障水平。根据第（ii）项所述的触发机制，第（3）（B）项和第（i）项所述保障水平不得超过86%与生产者为基础保险单或保险计划所选保障水平之间的差额。

（iv）不合格的作物和土地。生产者选择《2014年农业法》第1116节规定的农业风险保险的农作物和根据第508B节纳入叠加收入保护计划的土地不能获得本款规定的补充保险。

（v）保险费的计算。尽管有（d）小节规定，根据第（3）（B）项和第（i）项提供的保险费应：

（Ⅰ）足以支付预期损失和合理准备金；及

（Ⅱ）包括根据（k）（4）（F）项确定的经营管理费用。

（5）预期市场价格。

（A）建立或批准。联邦农作物保险公司应建立或批准被保险的每种农产品的价格水平（在本法中称为“预期市场价格”）以实现本法的目的。

（B）通则。除第（C）项另有规定外，农产品的预期市场价格不应低于联邦农作物保险公司确定的农产品的预计市场价格。

（C）其他允许的方法。农产品的预期市场价格：

（ⅰ）可由联邦农作物保险公司根据收获时的实际市场价格确定；

（ⅱ）对于收入和其他类似保险计划，可为联邦农作物保险公司确定的农产品的实际市场价格；

（ⅲ）对于生产成本或类似保险计划，应是联邦农作物保险公司确定的农产品预计成本价格；或

（ⅳ）对于其他保险计划，由联邦农作物保险公司确定适当的金额。

（D）谷物高粱价格选择。

（ⅰ）通则。联邦农作物保险公司与部长应：

（Ⅰ）在本款颁布日期后60天内提供确定谷物高粱产量保险和收入保险预期市场价格所需的方法和数据（包括经济研究局的数据）；及

（Ⅱ）从谷物高粱行业索要适用数据。

（ⅱ）专家评审员。

（Ⅰ）通则。在本款颁布之日起120天内，联邦农作物保险公司应与第（Ⅱ）项所述的5名专家评审员单独签订合同，制定并推荐确定产量和收入保险计划中高粱的预期市场价格，以更准确地反映收获时的实际价格。

（Ⅱ）要求。第（Ⅰ）项下的专家评审员应由具有谷物高粱和玉米市场经验的农业经济学家组成，其中2人应为高等教育机构的农业经济学家；2人应为农业部的经济学家；1人应为由谷物高粱行业提名的经济学家。

（ⅲ）建议。

（Ⅰ）通则。在根据第（ⅱ）项与专家评审员签订合同后90天内，专家评审员应提交相关建议，联邦农作

物保险公司应向公众提供专家评审员的建议。

（Ⅱ）考虑。联邦农作物保险公司在确定谷物高粱产量和收入保险计划下的预期市场价格时，应考虑第（Ⅰ）项下的建议。

（Ⅲ）公布。联邦农作物保险公司收到专家评审员建议之日起60天内，应公布产量和收入保险计划拟定的定价方法以进行通知和评议，在评议期间至少举行一次公开会议讨论拟定的定价方法。

（iv）适当的定价方法。

（Ⅰ）通则。在第（iii）（III）项规定的评议期结束后180天内，但不迟于2010农事年，联邦农作物保险公司应对谷物高粱产量和收入保险计划实施公开且可推广的定价方法。

（Ⅱ）临时方法。在新定价方法实施日之前，联邦农作物保险公司可继续使用其确定的最优定价方法确定预期市场价格。

（Ⅲ）可用性。联邦农作物保险公司每年应提供谷物高粱产量和收入保险计划下确定预期市场价格的定价方法和数据，包括与去年相比定价方法的变化。

（6）价格选择。

（A）通则。除（B）项另有规定外，应根据等于或低于联邦农作物保险公司确定的价格选择向生产者提供保险。保障水平应以每英亩的美元数报价。

（B）最低价格水平。联邦农作物保险公司可以制定最低价格选择，低于该水平的保险不得提供。

（C）小麦和啤酒大麦类。联邦农作物保险公司应根据实际情况，除了标准价格选择外，向生产者提供各种小麦和啤酒大麦的价格选择（包括啤酒大麦的合同价格）。联邦农作物保险公司应为根据本款确定的每一类别提供追加保险，并对每一类别收取精算合理的保险费。

(D) 有机作物。

(i) 通则。尽快但不迟于2015再保险年度，对于按照农业部根据《1990年有机食品生产法》发布的国家有机计划标准生产的所有有机作物，联邦农作物保险公司应向生产者提供有机农作物的价格选择。该价格选择反映了农业部长根据所有相关信息来源确定的有机作物生产者收到的实际零售或批发价格。

(ii) 年度报告。联邦农作物保险公司应向众议院农业委员会和参议院农业、营养和林业委员会提交一份关于发展和改善联邦有机作物保险进展情况的年度报告，包括：

(Ⅰ) 被保险的有机作物数量和种类；

(Ⅱ) 实施本项规定的价格选择的进展，包括对有机作物采取额外价格选择的比率；

(Ⅲ) 制定与有机生产者相关的新保险方法；

(Ⅳ) 联邦农作物保险公司认为改善有机作物联邦农作物保险的任何建议。

(7) 火灾和冰雹保险。

如果追加保险的保障水平按照记录或评估平均产量的65%或更高、预期市场价格的100%赔偿或同等保障水平，如果生产者从认可保险公司获得了同等或更多的火灾和冰雹保险，生产者可以选择从追加保险中删除因火灾和冰雹造成损失的保障。生产者向签发追加保险单的公司提交被保险产品该项选择的书面通知和替代保险的证据后，联邦农作物保险公司应该根据所提供剩余保障水平的精算价值降低生产者的保险费。无论如何，生产者不应对农作物追加保险中所包含的火灾和冰雹损失保障的精算价值多付保险费。

(8) 州保费补贴。

联邦农作物保险公司可与州或其机构签订协议，凭此由州或其机构向认可保险公司支付额外保费补贴，以进一步减少该州生产者支付的保险费。

(9) 对追加保险的限制。

董事会可根据所涉及的保险风险，限制本小节下任何县、地区、农场的追加保险的保障水平。董事会不得提供等于或低于按照记录或评估平均产量的50%、预期市场价格100%赔偿的追加保险，或相同保障水平的保险。

（10）管理费用。

（A）需要的费用。如果生产者选择购买超过巨灾风险保险保障水平的农作物保险，生产者应为每县每种作物的追加保险支付30美元的管理费。

（B）费用的使用、豁免。本款下管理费的收取和使用适用第（b）5款第（D）和（E）项的规定。

（C）付款时间。管理费的收取时间适用第（b）5款规定。

（d）保险费

（1）保费要求。

联邦农作物保险公司应为所有保险计划确定足够的保费，董事会确定的费率应保证精算充足，以使预期赔付率不超过：

（A）1.1（至1998年9月30日）；

（B）1.075（自1998年10月1日起，截至《2008年食品、保护和能源法》颁布日前一天止）；及

（C）该法颁布之日及之后的1.0。

（2）保费金额。

第（b）小节规定的巨灾风险保险保费和第（c）小节规定的追加保险保费应如下确定：

（A）对于巨灾风险保险，联邦农作物保险公司为可提供巨灾风险保险的每一种作物确定的保费金额应减少等于作物平均损失率与100%之差的百分比，加上由联邦农作物保险公司确定的合理准备金。

（B）如追加保险按照等于或超过记录或评估平均产量的50%、以不超过预期市场价格的100%进行赔偿，或不按单个产量赔偿的相同保障水平的保险单或保险计划，保险费应：

（i）足以弥补预期损失和合理准备金；及

（ii）包括由联邦农作物保险公司确定的经营管理费用金额，即以行业水平确定的、用于计算赔付率的保费金额的一定百分比。

（3）基于表现的折扣。

联邦农作物保险公司可为具有良好保险或生产经验的农产品生产者提供基于表现的保费折扣。

（4）保险费开票日期。

自2012再保险年度起，联邦农作物保险公司以8月15日作为保险费开票日。

（e）联邦农作物保险公司支付部分保费

（1）通则。

为了鼓励生产者广泛参与（b）小节提供的巨灾风险保障保险和（c）小节提供的追加保险，公司应按本小节规定支付部分保费。

（2）付款金额。

根据第（3）（6）和（7）款规定，联邦农作物保险公司应支付的保险费金额如下：

（A）对于巨灾风险保险，该金额为根据第（d）（2）（A）项为巨灾风险保险确定的保险费。

（B）如追加保险按照等于或大于记录或评估平均产量的50%但小于55%、不超过预期市场价格的100%进行赔偿，或不基于单个产量的、相同保障水平的保险单或保险计划，该金额应等于：

（i）根据（d）（2）（B）（i）项为所选保障水平确定的保费金额的67%；及

（ii）根据（d）（2）（B）（ii）项为所选保障水平确定的经营管理费用金额。

（C）如追加保险按照等于或大于记录或评估平均产量的55%但小于65%、不超过预期市场价格的100%进行赔偿，或不基于单个产量的、相同保障水平的保险单或保险计划，该金额应等于：

（i）根据第（d）（2）（B）（i）项为所选保障水平确定的保费金额的64%；及

（ii）根据（d）（2）（B）（ii）项为所选保障水平确定的经营管理费用金额。

（D）如果追加保险按照等于或大于记录或评估平均产量的65%但小于75%、不超过预期市场价格的100%进行赔偿，或不基于单个产量的、相同保障水平的保险单或保险计划，该金额应等于：

（i）根据第（d）（2）（B）（i）项为所选保障水平确定的保费金额的59%；及

（ii）根据（d）（2）（B）（ii）项为所选保障水平确定的经营管理费用金额。

（E）如果追加保险按照等于或大于记录或评估平均产量的75%但小于80%、不超过预期市场价格的100%进行赔偿，或不基于单个产量的、相同保障水平的保险单或保险计划，该金额应等于：

（i）根据第（d）（2）（B）（i）项为所选保障水平确定的保费金额的55%；及

（ii）根据（d）（2）（B）（ii）项为所选保障水平确定的经营管理费用金额。

（F）如果追加保险按照等于或大于记录或评估平均产量的80%但小于85%、不超过预期市场价格的100%进行赔偿，或不基于单个产量的、相同保障水平的保险单或保险计划，该金额应等于：

（i）根据第（d）（2）（B）（i）项为所选保障水平确定的保费金额的48%；及

（ii）根据（d）（2）（B）（ii）项为所选保障水平确定的经营管理费用金额。

（G）根据（c）（4）款，如果追加保险按照等于或超过记录或评估平均产量的85%、不超过预期市场价格的100%进行赔偿，或不基于单个产量的、相同保障水平的保险单或保险计划，该金额应等于：

（i）根据第（d）（2）（B）（i）项为所选保障水平确定的保费金额的38%；及

（ii）根据（d）（2）（B）（ii）项为所选保障水平确定的经营管理费用金额。

（H）对于第（c）（4）（C）项规定的补充保险选项，该金额应等于：

（i）与保障水平相关的追加保险费的65%；及

（ii）根据第（c）（4）（C）（v）（II）项确定的经营管理费用金额。

（3）禁止连续的保障水平。

尽管有第（2）款规定，在2001及随后的再保险年度，第（c）小节规定的追加保险的保障水平只能以5%递增，记录或评估平均产量从50%开始。

（4）保费支付披露。

本法下的每份保险单或保险计划都应显著标明联邦农作物保险公司支付部分保险费的美元金额。

（5）企业和全农场单位。

（A）通则。联邦农作物保险公司对以企业单位和全农场单位投保的保险单或保险计划，支付高于第（2）款规定的保险费。

（B）金额。联邦农作物保险公司根据本款向企业单位或全农场单位投保人支付的保费，应最大可能地与依据第（2）款向基本单位或可选单位投保人支付的每亩补贴数额相等。

（C）限制。联邦农作物保险公司根据本款支付的保费金额不得超过企业或全农场单位保险单总保费的80%。

（D）非灌溉作物。从2015农事年开始，联邦农作物保险公司应为各县作物的灌溉和非灌溉面积提供单独的企业单位。

（E）跨县经营的企业单位。联邦农作物保险公司允许生产者通过下列方式合并企业单位以建立一个单独的企业单位：

（i）与1个或1个以上其他县的1家或多家企业单位合并；或

（ii）与1个或1个以上其他县的所有基本单位和可选单位合并。

（6）区域收入计划的保费补贴。

根据第（4）款规定，如果保险单或保险计划承保某地区域收入减少造成的损失，联邦农作物保险公司应支付的保险费金额如下：

（A）如果追加区域保险按照等于或超过县记录产量的70%但不超过75%、不超过预期市场价格的100%赔偿，则该金额应等于：

（i）根据（d）（2）（B）（i）项选定保障水平所确定保费金额的59%；及

（ii）根据（d）（2）（B）（ii）项确定的经营管理费用金额。

（B）如果追加区域保险按照等于或超过县记录产量的75%但不超过85%、不超过预期市场价格的100%赔偿，则该金额应等于：

（i）根据（d）（2）（B）（i）项选定保障水平所确定保费金额的55%；及

（ii）根据（d）（2）（B）（ii）项确定的经营管理费用金额。

（C）如果追加区域保险按照等于或超过县记录产量的85%但不超过90%、不超过预期市场价格的100%赔偿，则该金额应等于：

（i）根据（d）（2）（B）（i）项选定保障水平所确定保费金额的49%；及

（ii）根据（d）（2）（B）（ii）项确定的经营管理费用金额。

（D）如果追加区域保险按照等于或超过县记录产量的90%、不超过预期市场价格的100%赔偿，则该金额应等于：

（i）根据（d）（2）（B）（i）项选定保障水平所确定保费金额的44%；及

（ii）根据（d）（2）（B）（ii）项确定的经营管理费用金额。

（7）区域产量计划的保费补贴。

根据第（4）款规定，如果保险单或保险计划承保某区域因产量损失或无法种植造成的损失，联邦农作物保险公司应支付的保险费如下：

（A）如果追加区域保险按照等于或超过县记录产量的70%但不超过80%、不超过预期市场价格的100%赔偿，则该金额应等于：

（i）根据（d）（2）（B）（i）项选定保障水平所确定保费金额的59%；及

（ii）根据（d）（2）（B）（ii）项确定的经营管理费用金额。

（B）如果追加区域保险按照等于或超过县记录产量的80%但不超过90%、不超过预期市场价格的100%赔偿，则该金额应等于：

（i）根据（d）（2）（B）（i）项选定保障水平所确定保费金额的55%；及

（ii）根据（d）（2）（B）（ii）项确定的经营管理费用金额。

（C）如果追加区域保险按照等于或超过县记录产量的90%、不超过预期市场价格的100%赔偿，则该金额应等于：

（i）根据（d）（2）（B）（i）项选定保障水平所确定保费金额的51%；及

（ii）根据（d）（2）（B）（ii）项确定的经营管理费用金额。

（8）对初级农牧场主和退伍军人农牧场主的保费。

尽管本款有关于支付部分保费的其他规定，对初级农牧场主和退伍军人农牧场主支付的保费补贴应比第（2）款（该款第（A）项除外）、第（5）款、第（6）款、第（7）款规定的保险计划的保费补贴高10个百分点。

（f）资格

（1）通则。

要参与本法下的巨灾风险保险，生产者应向农业部当地办公室或认可保险公司提交申请。

（2）销售截止日期。

（A）通则。对于本法下的保险，生产者应在农作物保险销售截止日期或之前通过提供所需信息并执行相关文件来购买农作物保险。为确保农作物保险计划的精算可靠性，联邦农作物保险公司应规定销售截止日期，以最大限度地方便生产者在农业部的价格和生产调整计划下获得利益。

（B）规定日期。除第（C）项规定外，联邦农作物保险公司应为春季种植的每一种可保农作物制定保险单，其销售截止日期比1994农事年规定的销售截止日期提前30天。

（C）例外。如果按照（B）项规定导致某种农产品的销售截止日期早于1月31日，从2000农事年起该商品的销售截止日期为1月31日。

（3）记录和报告。

为获得第（b）小节规定的巨灾风险保险或第（c）小节规定的追加保险，生产者应：

（A）提供农业部认可的所保农作物种植面积、亩产量和农产品产量的年度记录，或接受联邦农作物保险公司确定的产量；及

（B）在联邦农作物保险公司规定的地点和报告日期之前报告已种植和未种植的面积。

（g）产量确定

（1）通则。

根据第（2）款规定，联邦农作物保险公司应制定承保产量风险的农作物保险的承保规则，提供给根据第（b）小节获得巨灾风险保险或根据第（c）小节获得追加保险的符合条件的生产者。

（2）产量保险计划。

（A）实际生产历史。根据（B）项和第（4）（C）项规定，农作物的产量应以实际生产历史为基础，即如果农作物是在确定实际生产历史之前4个农事年度都没有受过处罚的农场生产的，则以建立实际生产历史记录前连续10个农事年度生产数据为基础建立数据库。

（B）分配产量。如果生产者不能提供第（A）项所述农作物产量的满意证据，则应给生产者分配：

（i）根据联邦农作物保险公司发布的历史产量要求的规定，

不低于过渡产量的65%（调整到联邦农作物保险公司可以接受的、连续几年实际产量反映出的水平）。

（ii）联邦农作物保险公司确定的产量，如：

（Ⅰ）经部长认定的两年以上没有获得保险作物产量的生产者；

（Ⅱ）在未耕种的土地上生产农产品的生产者；或

（Ⅲ）将农场生产的作物轮转为农场未生产作物的生产者。

（iii）如果生产者是初级农牧场主或退伍军人农牧场主，或以前参与农牧场经营，包括参与决策或实际参与农牧场作物或牲畜的生产，对于初级农牧场主或退伍军人农牧场主所拥有土地的产量按照下述两项较高者确定：或

（Ⅰ）根据第（A）项确定的先前作物或牲畜生产者的实际生产历史；

（Ⅱ）第（i）项确定的生产者的产量。

（C）区域产量。联邦农作物保险公司可根据区域产量提供农作物保险计划，如果联邦农作物保险公司认定被保险生产者所在区域发生损失，被保险生产者即有资格获得赔偿。在区域产量计划下，被保险生产者可以选择区域产量水平，按照联邦农作物保险公司规定的条款和条件获得赔偿。

（D）商品对商品基础。生产者可以在个人产量保险、区域产量保险或综合保障保险之间选择，这就是商品对商品基础。

（E）产量数据的来源。为确定本款规定的产量，联邦农作物保险公司：

（i）应使用风险管理局、国家农业统计局收集的县数据或两者兼有；或

（ii）如果没有足够的县数据，可以使用农业部长认为适当的其他数据。

（3）饲料生产者的过渡产量。

（A）通则。如果生产者没有根据（2）（A）项提供令人满意的证

据，部长认为存在下列情况，对其分配的产量至少为联邦农作物保险公司所确定的过渡产量的80%（调整以反映生产者的实际生产历史）：

（i）生产者种植饲料主要为了饲养牲畜、奶牛和家禽；及

（ii）生产者农场净收入的50%以上来源于该种经营。

（B）产量计算。联邦农作物保险公司应该按照下列方式确定产量：

（i）在生产者参与的第一年，向饲料生产者提供本款规定的分配产量；及

（ii）在生产者参与的第二年，适用本小节规定的实际生产历史或分配产量。

（C）权限的终止。本款规定的权限应在本款生效之日起3年后终止。

（4）调整实际历史产量以建立保险产量。

（A）申请。当联邦农作物保险公司使用生产者的实际生产记录来确定生产者在2001及以后农事年任何一种农产品的实际生产历史时，本款均适用。

（B）选择使用过渡产量的百分比。如果用于确定农产品实际生产历史的一个或多个农事年份，生产者的记录或评估产量低于相应过渡产量的60%，则联邦农作物保险公司应在生产者选择时：

（i）排除已记录或评估的产量；及

（ii）（I）将已排除的产量替换为等于相应过渡产量60%的产量；或（II）对于初级农场主或退伍军人农牧场主替换为等于相应过渡产量80%的产量。

（C）选择剔除某些历史产量。

（i）通则。尽有第（2）款规定用1年以上的农事年份来建立生产者某种农作物的实际产量历史，如果生产者所在县每种农产品的亩产量低于该县过去连续10年平均产量的50%，则生产者可以选择剔除那一年的记录或评估产量。

（ii）相邻县。一个县的生产者有资格根据第（i）项剔除某个农事年的产量，邻县的生产者也有资格进行类似选择。

（iii）灌溉做法。为了确定生产者所在县每种农产品亩产量是否低于该县连续10个农事年每种农作物平均产量的50%，联邦农作物保险公司应对灌溉面积和非灌溉面积区别对待。

（D）保费调整。如果生产者根据（B）或（C）项进行选择，联邦农作物保险公司应调整保费以反映与该生产者实际生产历史调整相关的风险。

（5）反映成功防治害虫增加产量的调整。

（A）需要调整的情况。当存在下列情况时，联邦农作物保险公司应制定一种方法来调整生产者的实际生产历史：

（i）生产者的农场位于使用某种操作或措施进行全区域系统性努力的区域，或生产者的农场进行某些操作或措施来检测、根除、抑制或防止、延缓植物病虫害（根据《1944年农业部有机法》第102节定义）。

（ii）植物病害或害虫的存在已对生产者所投保农产品的产量产生不利影响。

（iii）第（i）条所述的努力已经有效。

（B）调整金额。联邦农作物保险公司调整农产品生产者实际生产历史的金额，应反映第（A）项所述的系统性全区域努力平均增加该生产者农场农作物产量的程度。

（6）继续授权。

（A）通则。联邦农作物保险公司应制定：

（i）承保规则限制生产商所选择的实际生产历史下降不得超过前一年实际生产历史的10%，前提是生产下降是由于干旱、洪水、自然灾害或其他可保损失（具体由联邦农作物保险公司决定）造成的；及

（ii）精算可靠保费以支付额外风险。

（B）其他权限。第（A）项所规定的权限，是对根据本法调整生

产者实际生产历史的任何其他权限的补充。

（C）效果。本款不得解释为要求改变本法规定，因为本法适用于2018再保险年度。

（h）向董事会提交保险单和材料

（1）授权提交。

（A）通则。除董事会根据第（c）小节要求向生产者提供的任何标准表格或保险单外，任何人（包括认可保险公司、学院或大学、合作社或贸易协会或任何其他人）可向委员会提交或建议：

（i）其他农作物保险单和保险单条款；及

（ii）小麦、大豆、饲料玉米和其他农业部长确定的多危险农作物保险的费率。

（B）联邦农作物保险公司审查并提交。

（i）通则。联邦农作物保险公司须审查根据第522（c）小节制定的保险单或根据第523节制定的试点项目，如果联邦农作物保险公司认为存在下列情况，可向董事会提交本小节下的保险单和计划：

（Ⅰ）根据第（2）款规定，可能会导致与本款一致的、可行的、可销售的保险单；

（Ⅱ）将显著改善农作物保险的保障水平；及

（Ⅲ）充分保护生产者的利益。

（ii）对大麻的豁免。与大麻生产有关的保险单或试点项目中，联邦农作物保险公司可以豁免第（i）（Ⅰ）项规定的可行性和市场性要求。

（2）提交保险单。

根据本小节提交给董事会的保险单或其他材料，可不考虑本法所包含的限制，包括关于保障水平和费率水平的要求，以及每一种被保险商品的价格水平必须等于董事会确定的该商品预期市场价格的要求。

（3）经董事会审查和批准。

（A）通则。根据本款提交给董事会的保险单、保险计划或其他材料，应由董事会审查并批准再保险，由认可保险公司以适当的费率和条款条件出售给生产者，如董事会认为：

（i）生产者的利益得到充分保护；

（ii）拟议的保险计划将：

（Ⅰ）提供一种可行和可销售的新保险；

（Ⅱ）以解决现有保险单明显缺陷或问题的方式提供农作物保险；或

（Ⅲ）为以前没有保险的作物或在现有计划下参与水平较低的商品提供一种新的保险；和

（iii）拟议的保险单或保险计划不会对农作物保险销售系统产生重大不利影响。

（B）综合考量。在批准保险单或保险计划时，董事会应及时：

（i）首先考虑未得到服务的商品，包括没有保险的商品；

（ii）考虑保险保障水平不足或参与程度低的现有保险单或保险计划；或

（iii）最后考虑提交给董事会不符合第（i）或（ii）项所述标准的保险单或保险计划。

（C）规定的审查和优先批准事项。在审查根据本小节提交董事会供批准的保险单和其他材料时，董事会应该：

（i）优先制定和批准花生生产者的收入保险单，以便花生生产者在2015农事年度及时获得收入保险单；

（ii）应优先制定和批准水稻生产者的利润保险单，以便水稻生产者在2015农事年度及时获得利润保险单；

（iii）可批准根据本小节提交的文件，从2015年农事年开始允许生产者在（e）（5）（A）项下根据各县作物种植面积的风险等级划分企业单位；及

（iv）审查与大麻生产有关的保险单和其他材料时，可豁免（A）（ii）（Ⅰ）项规定的可行性和市场性要求。

（4）提交和审查的指导方针。

联邦农作物保险公司应制定规定，作为根据本小节向董事会提交保险单或其他材料进行审查的指导原则。该指导原则至少应确保包括以下内容：

（A）保密。

（i）通则。根据《美国法典》第5篇第552（b）（4）款，在本小节下提交给董事会的提案（包括从提案中产生的任何信息），应被视为机密的商业或财务信息。

（ii）保密标准。如果符合《美国法典》第5篇第552（b）（4）项规定的商业秘密和商业或金融信息有关的机密信息标准，部长可以扣留有关提案的信息，该信息不得向公众发布。

（iii）适用。本项仅适用于董事会批准该提案之前的期间。

（B）个人陈述。如申请人愿意，董事会须向申请人提供亲自向董事会陈述提议的机会。

（C）不批准意向的通知。

（i）期限。董事会应在不批准前30天向申请人提供不批准提案的意向通知。

（ii）申请的修改。

（Ⅰ）授权。收到通知的申请人可修改该申请，修改后的申请须由董事会按第D项规定的方式自修改申请提交之日起30天内予以考虑。

（Ⅱ）时限。第（i）项不适用于董事会审议修改后的申请。

（iii）解释。对根据本小节提交保险单或其他材料的不批准意向通知，均须附董事会不批准理由的完整解释。

（D）批准或不批准保险单或材料的决定。

（i）时限。在根据本小节提交保险单或其他材料后的120天内，董事会应作出批准或不批准该保险单或材料的决定。

（ii）解释。董事会不批准保险单或其他材料的决定，均须附董事会不批准理由的完整解释。

（iii）未能满足期限要求的情况。尽管本款有其他规定，如果董事会未能在规定期限内作出决定，提交的保险单或其他材料应视为在初始再保险年度得到了董事会批准，除非董事会和申请人同意延期。

（E）咨询。

（i）要求。作为制定水果和蔬菜、坚果、干果、园艺和苗圃作物（包括花卉）保险单或其他材料可行性和研究的一部分，在根据本小节提交报告之前，提交人应向代表这些农产品生产者的团体进行直接或间接咨询。

（ii）提交给董事会。根据本小节向董事会提交的任何文件，须包括：第（i）项所述有影响团体的可行性和研究结果的总结和分析，包括支持或反对该保险单发展的总结评估，以及从区域和国家角度评估拟议保险单对作物销售和生产的影响。

（iii）董事会的评估。在评估根据第（3）项规定所做提交是否保护生产者利益时，董事会应审查根据第（ii）项提供的信息是否会对商品生产造成不利的市场扭曲。

（5）保费计划。

（A）由联邦农作物保险公司支付。对根据本小节或第522节制定和批准的保险单或保险计划，或根据第523节操作的保险单或保险计划（牲畜保险单或保险计划除外），联邦农作物保险公司须支付保险单或保险计划的部分保费，支付金额等于：

（i）第（e）小节规定的相同保障水平的用于确定赔付率的保费总额的百分比；以及

（ii）根据第（k）（4）项确定的经营管理费用。

（B）过渡性计划。仅在2001年再保险年生效，如果根据本小节或第522节制定或批准的、或根据第523节实施的保险单或保险计划（牲畜保险单或保险计划除外），并在本款颁布日期后首次获得董事会批准，联邦农作物保险公司支付的部分保险费不得超过第（e）小节规定的金额（与第（c）（5）款一致，在本款颁布日期的前一天生效）。

（6）追加的未种地保险单的保障水平。

（A）通则。从1995农事年开始，联邦农作物保险公司应向生产者提供追加的未种地保险单，以确保生产者免遭受本款规定的损失。

（B）认可保险公司。联邦农作物保险公司应通过认可保险公司提供追加的未种地保险。

（C）损失的时间。在下列情况下可通过未种地保险单弥补作物损失：

（i）作物保险单可保障：

（Ⅰ）发生损失的农事年；及

（Ⅱ）发生未种地损失的前一农事年。

（ii）损失原因：（Ⅰ）损失发生前农事年度的销售结束日期之后；及（Ⅱ）发生损失的农事年度销售结束日期之前。

（i）选择费率和保障水平

（1）通则。

联邦农作物保险公司应尽快采用切实可行的费率和保障水平，提高联邦农作物保险公司以精算不稳健费率投保的农作物保险的精算可靠性，但费率不得比上一农事年的可比费率提高超过20%。

（2）审查费率厘定方法。

为了最大限度地提高联邦作物保险计划的参与率并确保对生产者的公平，联邦农作物保险公司应定期审查本法第507（c）（2）款规定的费率厘定方法。

（3）费率和损失历史分析。

联邦农作物保险公司应按区域对经批准的农产品保险单和保险计划的费率和损失历史进行分析。

（4）保费调整。

如联邦农作物保险公司认为某地区某农产品的费率比第（d）（2）款对该地区要求的费率高，联邦农作物保险公司应在2002农事年（如需要）对该地区该农产品费率作出适当调整。

（j）损失索赔

（1）通则。

联邦农作物保险公司应根据制定的规则对损失索赔进行理算和赔偿。

联邦农作物保险公司制定的规则需明确标准，以确保所有损失索赔尽可能统一及时地进行理算。

（2）拒绝索赔。

（A）通则。根据第（B）项规定，如果索赔被联邦农作物保险公司或代表联邦农作物保险公司的认可保险公司拒绝，则该索赔只能在被保险农场所在地区的美国地区法院对联邦农作物保险公司或部长提起诉讼。

（B）诉讼时效。关于索赔的诉讼可在向索赔人提供拒赔通知之日起1年内提出。

（3）赔偿。

联邦农作物保险公司应向认可保险公司提供补偿，包括认可保险公司因联邦农作物保险公司的错误或疏忽而产生的费用和合理的律师费。

（4）销售窗口。

联邦农作物保险公司在考虑农事年内要求种植是否可行时，应考虑销售窗口。

（5）解决对农场储存产品的索赔。

农场储存产品的生产者，可将农场储存产品保险的索赔结算，在保险单规定的最后索赔日基础上推迟4个月。

（k）再保险

（1）通则。

尽管本法有其他规定，联邦农作物保险公司应在最大可行范围内向认可保险公司提供再保险，这些公司为生产者提供联邦农作物保险公司认可的1种或多种农作物保险。

（2）条款和条件。

再保险应按照董事会确定的符合第（b）小节和（c）小节规定的条款和条件及稳健再保险原则提供。

（3）分散风险。

联邦农作物保险公司与被保险公司之间的再保险协议，应要求被保险公司承担足够的潜在损失，以确保被保险公司以稳健谨慎的方式销售和服务保险单，要考虑被保险公司的财务状况和私人再保险的可得性。

（4）费率。

（A）通则。除本款另有规定外，董事会规定的报销认可保险公司和代理人的经营管理费用不得超过：

（i）在1998再保险年度，用于确定赔付率保费的27%；及

（ii）在1999及其以后再保险年度，用于确定赔付率保费的24.5%。

（B）按比例减少。1998再保险年度报销的经营管理用率低于（A）（i）项规定比率的追加保险单，其报销比率减少应与（A）项第（i）和（ii）项之间的报销比率减少成正比。

（C）其他削减额。从2002再保险年度开始，对于董事会批准的保险单或保险计划在1998再保险年度没有购买再保险，但如果再保险时，在1998再保险年度将得到较低的报销比率，为保险单或保险计划确定经营管理费用报销比例时应考虑确定1998再保险年度经营管理费用报销比率所使用的因素，包括保险单或保险计划相对于个人产量保险单或保险计划的保费和实际经营管理费用的预期差异及其他由联邦农作物保险公司确定的适当因素。

（D）报销时间。自2012再保险年度起，联邦农作物保险公司应在再保险年度10月1日之后（但不迟于10月31日），尽快向认可保险公司和代理人支付其应得的经营管理费用。

（E）报销比率降低。对于2008再保险年度收到经营管理费用补贴的追加保险单，在2009及随后的再保险年度，经营管理费用报销比率应比《2008年食品、保护和能源法》颁布之日的报销比率低2.3个百分点，但对于赔付率大于1.2的州只降低一半。

（F）区域保险单及保险计划的报销比率。尽管有（A）至（E）项规定，对于2009及以后再保险年度，截至本款颁布日期或根据第（c）（4）（C）项或508B小节授权的区域保险单和保险计划的报销比率，应为用于确定该再保险年度赔付率保费的12%。

（5）降低成本和监管。

根据《1994年联邦作物保险改革法》第118节，为保证项目完整性、防止欺诈和滥用、扩大项目和提升客户服务质量，董事会应改变计划程序和管理要求以减少认可保险公司和代理人的经营管理费用补贴，其金额与本款颁布之日开始的5年内根据第（4）款规定的报销比率的降低相符。

（6）代理自由裁量权。

判断联邦农作物保险公司是否正在实现或已经实现相应的行政成本节约，完全由《美国法典》第5篇第701（a）（2）条规定的代理自由裁量权决定，不受行政复议。

（7）计划。

联邦农作物保险公司应向国会提交计划，概述实现第（5）款要求的削减措施。如果联邦农作物保险公司能够确定额外的成本削减措施，应在计划中描述这些措施。

（8）重新协商标准再保险协议。

（A）通则。除第（B）项另有规定外，尽管有《1998年农业研究、推广和教育改革法》第536节和《2000年农业风险保障法》第148节规定，联邦农作物保险公司可重新协商下列各标准再保险协议的财务条款和条件：

（i）自2010年7月1日开始的2011再保险年度；及

（ii）此后每5个再保险年度一次。

（B）例外情况。

（i）不利情况。根据第（ii）项规定，第（A）款不适用于认可保险公司整体经历的部长认定的意外不利情况。

（ii）联邦法律变更的效力。如果联邦法律在本款颁布之日之后颁布，要求修订标准再保险协议的财务条款，协议的变更由联邦农作物保险公司强制实施，此变更不应被视为（A）项规定的协议重新谈判。

（C）通知要求。如果联邦农作物保险公司根据第（A）（ii）项重新谈判标准再保险协议，联邦农作物保险公司应将重新谈判通知众议院农业委员会和参议院农业、营养和林业委员会。

（D）磋商。在（A）款规定的重新谈判中，认可保险公司可以相互协商，也可以集体与联邦农作物保险公司协商。

（E）2011再保险年度。

（i）通则。作为（A）（i）项规定的标准再保险协议重新谈判的一部分，联邦农作物保险公司应考虑确定经营管理费用报销比率的替代方法。

（ii）替代方法。根据第（i）项考虑的替代方法应包括：

（Ⅰ）根据该州保费变化对报销比率进行分级的方法；根据该州农作物保险赔付率对报销比率进行分级的方法；根据每份保险单总保费水平对报销比率进行分级的方法；

（Ⅱ）考虑项目当前财务状况并确保在全国范围内向生产者继续提供该项目的任何其他方法。

（F）预算。

（i）通则。董事会应确保根据第（A）（ii）项协商达成的标准再保险协议均应：

（Ⅰ）如果标准再保险协议同期延长，在实际可行的最大范围内，就第（9）款所述付款总额而言，与之前标准再保险协议估计支付的此类付款总额相比，应估计为预算中性；

（Ⅱ）如果该协议延长的时间与《2014年农业法》颁布之日估计的时间相同，应遵守本法的适用条款，对认可保险公司和代理人制定经营管理费用报销比率，但这些费用的预计报销总额不得低于之前《标准再保险协议》规定的付款总额；

（Ⅲ）在任何情况下，除非本法另有规定，不得明显偏离预算中性。

（ii）预算节省的使用。如果根据（A）（ii）项重新谈判标准再保险协议时实现了预算节省，且预算节省没有明显偏离（i）项规定的预算中性，则应用于增加（4）和（9）款所述的补偿或支付。

（9）承保收益付款日期。

自2011再保险年度起，联邦农作物保险公司应根据本法支付承保收益：

（A）2011再保险年度支付日期为2012年10月1日；

（B）此后每一个再保险年度支付日期都是下一日历年的10月1日。

（l）可选保险

联邦农作物保险公司可根据董事会决定的条款和条件提供特定风险保障计划，包括未种植、野生动物袭击、树木损害和疾病以及昆虫感染。但如果所涉特定风险保障计划可以从私营保险公司获得，则不得开展任何项目。

（m）质量损失调整保险

（1）承保影响。

如果本法下提供的保险单或保险计划包括质量损失调整保险，该保险应保障在农事年所生产农产品产量的减少，或由于农产品不符合保险单或保险计划中规定的质量标准而进行的类似调整。

（2）追加的质量损失调整。

（A）生产者选择。尽管有其他法律规定，除了第（1）款提供的质量损失调整保险外，联邦农作物保险公司应向生产者提供购买质量损失调整保险的多种选择，以小于满足下列各项要求的农产品单位为基础：

（i）农产品在“身份保留”的基础上销售。[①]

（ii）所有质量决定仅由指定对农产品进行分级或分类的联邦机构做出。

（iii）所有质量决定均按照联邦机构在联邦公报中公布的标准进行。

（iv）部长制定反映农产品质量下降的折扣明细表。

（B）调整依据。根据本款规定，联邦农作物保险公司应制定质量标准，依据农产品等级与基础质量的差异进行质量损失

① 译者注：“身份保留”是指农产品从种子开始，在生长、运输、加工直至市场销售的整个供应链中，保持其本来、自然的基因特性。

赔偿。

（3）审查标准和程序。

（A）审查。联邦农作物保险公司应与有资格人员签订合同审查联邦农作物保险公司的质量损失调整程序，以便更准确地反映本法下被保险农产品当地的质量折扣。

（B）程序。从不迟于2004再保险年度开始，联邦农作物保险公司应在审查的基础上对程序进行调整，并考虑调整的精算可靠性和防止欺诈、浪费和滥用。

（4）交付给仓库经营商的农产品质量证明。

在管理本法时，部长应以同样的方式和条款、条件接受交付给下列仓库经营商的农产品质量证明：

（A）根据《美国仓库法》获得执照的仓库经营商；

（B）符合下列条件的仓库经营商：

（i）获得州法律许可的仓库经营商；及

（ii）与商品信贷公司签订仓储协议的仓库经营商；

（C）符合下列条件的仓库经营商：

（i）未获得州法律许可但符合州有关仓库法律的仓库经营商；及

（ii）与商品信贷公司签订商品仓储协议的仓库经营商。

（5）有关啤酒大麦的特殊条款。

联邦农作物保险公司应根据本款颁布针对啤酒大麦的特殊条款，考虑根据市场条件要求的质量变化因素。

（6）玉米的测试重量。

（A）通则。联邦农作物保险公司应制定程序，允许被保险生产者对低测试重量玉米在120天内按照部长规定的程序进行索赔清算。

（B）实施。在本款颁布日期后，联邦农作物保险公司应根据市场条件和生产者利益，尽快在区域内执行第（A）项。

（C）效力的终止。本款规定的授权自第（A）项实施之日起5年内有效。

（n）同一损失的多种利益限制

（1）通则。

除第（2）款规定外，如果有资格根据（b）小节获得巨灾风险保险补贴的生产者，也有资格通过部长管理的其他项目获得同样的损失援助，生产者应选择是否根据本法或其他项目获得利益，但不能两者兼得。根据第（c）小节购买追加保险的生产者，也可通过部长管理的其他项目获得相同的损失援助，但通过追加保险收到的损失金额和通过其他项目收到的金额不得超过生产者的实际损失金额。

（2）例外。

第（1）款不适用于《联合农业和农村发展法》C编的紧急贷款规定。

（o）原生草皮上的作物生产

（1）原生草皮的定义。在本小节中，“原生草皮”是指：

（A）其植被主要由天然牧草、似禾草植物、非禾本草本植物或适合放牧的灌木组成；及

（B）本小节颁布之日时，该土地从未被耕种过一年生作物或生产者不能证明该土地曾耕种过一年生作物。

（2）福利减少。

（A）通则。

（i）头四个农事年。在部长确定的最初4个农事年，从2014年2月8日起至《2018年农业提升法》颁布为止，耕种一年生作物的原生草皮面积，应遵守本法本款规定的福利减少。

（ii）随后的农事年。在《2018年农业提升法》颁布之后耕作可保作物的原生草皮面积，应根据本法本款所述福利减少不超过4年：

（Ⅰ）首次耕作后的前10年；

（Ⅱ）在此期间该面积的作物均根据（c）小节投保。

（B）最低面积豁免。部长应将5英亩及以下的面积从第(A）项豁免。

（C）管理。

（i）减少。（A）项所述面积的福利减少：

（Ⅰ）农作物保险保障应使用生产者过渡产量的65%来确定产量；及

（Ⅱ）本法为生产者提供的作物保险费补贴，除(b)(1)款规定的保障水平外，应比其他适用的保费补贴少50个百分点。

（ii）产量替代。在原生草皮被本法保险期限内，生产者不能对原生草皮替换产量。

（3）适用。

本款只适用于明尼苏达州、爱荷华、北达科他、南达科他、蒙大拿和内布拉斯加州的原生草皮。

（p）按惯例划分的保障水平

从2015农事年开始，在旱地和灌溉地上生产农产品的生产者可为每种生产做法选择不同的保障水平。

508A节　双重保险和未种地

（a）本节中的定义

（1）首茬作物。"首茬作物"是指在一个农事年度按照本法投保的、在特定土地首次种植待收获的或者未能播种的农作物。

（2）次茬作物。"次茬作物"是指一个农事年，在首茬作物收获之后在同一土地上种植的与首茬作物相同的或不同的第二季作物，该术语不包括再植作物。

（3）再植作物。"再植作物"是指如果承保首茬作物的保险单条款要求重新种植，则在同一农事年、在与首茬作物相同土地上重新种植的任何农产品。

（b）双重保险

（1）首茬作物损失的选择。除第（d）和（e）小节规定外，依据本法投保的首茬作物在某个农事年有全部或部分可保损失，首茬作物的生产者可选择以下之一：

（A）不种植次茬作物。生产者可以：

（i）选择在同一农事年同一土地不种植次茬作物；及

（ii）获得相当于首茬作物可保损失100%的赔偿金。

（B）种植次茬作物。生产者可以：

（i）在同一农事年同一土地种植次茬作物；及

（ii）获得联邦农作物保险公司为首茬作物确定的赔偿金，但不超过首茬作物可保损失的35%。

（2）次茬作物没有损失的情况。如果生产者根据第（1）（B）项进行选择，且没有遭受次茬作物的保险损失，生产者可获得等于：

（A）首茬作物保险损失100%的赔偿金；及

（B）根据先前第（1）（B）（ii）项获得的金额。

（3）如果种植次茬作物，首茬作物的保费。

（A）初始保费。如果生产者选择第（1）（B）项，生产者应承担与第（1）（B）（ii）项支付的赔偿相当的保险费。联邦农作物保险公司应调整首茬作物的总保费，以反映已减少的赔偿额。

（B）次茬作物不损失的情况。如果生产者选择第（1）（B）项，且生产者的次茬作物没有遭受保险损失，生产者应承担的首茬作物保险费等于：生产者所欠首茬作物的全部保险费减去先前根据第（A）项支付的保险费。

（c）未种地保险

（1）对首茬作物损失的选择。除第（d）和（e）小节规定外，如果根据本法承保的首茬作物未播种，首茬作物的生产者可选择下列之一：

（A）不种植次茬作物。生产者可以：

（i）选择在同一农事年的同一土地不种植次茬作物；及

（ii）根据第（4）款规定获得等于首茬作物未种地保险100%的赔偿金。

（B）种植次茬作物。生产者可以：

（i）在同一农事年的同一土地种植次茬作物；及

（ii）根据第（4）和（5）款的规定，获得联邦农作物保险公司为首茬作物确定的赔偿金，但不超过首茬作物未种地保险的35%。

（2）如果种植次茬作物，首茬作物的保险费。如果生产者选择第（1）（B）项，生产者应支付与第（1）（B）（ii）项赔偿金相对应的首茬作物的保险费。联邦农作物保险公司应调整首茬作物的总保费，以反映已减少的赔偿额。

（3）对实际生产历史的影响。除第（d）小节所述的复合种植外，如果生产者根据第（1）（B）款对农事年进行选择，联邦农作物保险公司应为生产者分配该农事年的记录产量，即所涉农产品生产者实际生产历史产量的60%，以确定生产者在后续农事年的实际生产历史。

（4）付款所需的区域条件。联邦农作物保险公司应将对生产者的未种植付款限制在以下情况：在首茬作物未种植区域的其他生产者也普遍受到未种植条件的不利影响。

（5）种植日期。如果生产者在联邦农作物保险公司为首茬作物确定的最新种植日期之前种植次茬作物，联邦农作物保险公司不得对首茬作物支付未种植费用。

（d）已建立的复合种植做法的例外

如果满足下列条件，生产者可以获得在同一农事年种植两种或两种以上作物的全部赔偿金：

（1）由联邦农作物保险公司认定，在该地区有在一个农事年种植两种或两种以上作物的习惯。

（2）对该地区同一农事年种植的农产品提供追加保险单或保险计划。

（3）生产者有在同一农事年种植两种以上作物的历史，或者在同一农事年在适用的土地有被耕种两种以上农作物的历史。

（4）在首茬作物收获后，在同一地区的同一土地上种植次茬作物或更多的作物。

（e）后茬作物

除第（d）小节所述的复合种植外，如果生产者选择在与首茬作物和次茬作物同一年度，且在次茬作物之后在相同土地上再种植一季作物（再植作物除外），则该生产者没有资格对后茬作物获得本法下的保险，或《农业市场过渡法案》第196条第7条规定的未投保作物援助。

508B节　对陆地棉生产者的叠加收入保护计划

（a）可用性

从不迟于2015陆地棉农事年开始，联邦农作物保险公司应向陆地棉生产者提供一份额外保险单（称为“叠加收入保护计划”）。该保险单提供的保障与2011农事年联邦农作物保险公司提供的集团风险收入保护计划（及相关收获收益期权背书）的保障一致。

（b）要求条款

联邦农作物保险公司可在整个计划的基础上修改叠加收入保护计划，但叠加收入保护计划应符合以下要求：

（1）提供收入损失的保障水平为不低于县预期收入的10%，不高于县预期收入的30%，以5%递增。免赔额应为触发赔偿收入损失的最低百分比，即不低于预期县收入的10%。

（2）提供给所有陆地棉种植县的陆地棉生产者：

（A）在全县范围内；或

（B）在缺乏足够数据的县，由联邦农作物保险公司决定在能够为保险提供足够数据的更大区域。

（3）可单独购买或附加在个人保险或区域保险之上购买，除非生产者对同一地块有个人或区域保险，叠加收入保护计划下的最大保障水平不得超过个人或区域面积的免赔额。

（4）保障建立在以下基础上：

（A）根据现有团体风险收入保障计划或联邦农作物保险公司为该县（地区）某一农事年提供的区域保险单所确定的预期

价格；及

（B）下列两种预期县产量中较高者：

（i）联邦农作物保险公司为适用县（或地区）和农事年提供的现有区域计划确定的预期县产量（或者在未提供区域计划的地区，以与区域计划一致的方式确定的预期产量）；或

（ii）该县（或地区）最近5年适用产量数据的平均值，不包括风险管理局或国家农业统计局的最高和最低观测数据，如果没有足够的县数据，则使用农业部长认为合适的其他数据。

（5）使用乘数因子来建立每英亩的最大保障（称为“保障因子”），不低于在项目范围内建立的水平或120%。

（6）根据生产者的保障水平，按照预期县收入超过实际县收入的数额支付赔偿。叠加收入保护计划下的赔偿不包括或叠加第（1）款选择的免赔额。

（7）在所有有数据的县，为灌溉和非灌溉做法分别建立保障水平。

（c）保费

尽管有第508（d）小节规定，叠加收入保护计划的保费应该：

（1）足以弥补预期损失和合理的准备金；及

（2）包括根据第508（k）（4）（F）项规定的经营管理费用。

（d）联邦农作物保险公司支付部分保费

根据第508（e）（4）款规定，联邦农作物保险公司为叠加收入保护计划所有符合条件的保险支付的保费金额应为：

（1）根据（c）小节确定的保费金额的80%；及

（2）根据（c）（2）款和第508（k）（4）（F）项确定的经营管理费用。

（e）与其他保险的关系

叠加收入保护计划是对陆地棉生产者提供的所有其他保险的补充。

（f）限制

从2019农事年度开始，参加下列籽棉保险的农户不得参加陆地棉叠加收入保护计划：

（1）《2014年农业法》第1116节规定的价格损失保险；

（2）根据该法第1117节规定的农业风险保险。

508C节　花生收入保险

（a）通则

从2015农事年度开始，风险管理局和联邦农作物保险公司应向花生生产者提供花生收入保险计划。

（b）有效价格

根据第（c）小节，本法下的收入保险计划和多危险农作物保险计划中花生的有效价格应为鹿特丹花生价格指数或农业部长确定的其他适当价格，以反映美国农民花生的库存价格。

（c）调整

（1）通则。风险管理局和联邦农作物保险公司可对根据第（b）小节确定的花生有效价格进行调整以纠正扭曲现象。

（2）管理。如果根据第（1）款作出调整，风险管理局和联邦农作物保险公司应：

（A）以公开和透明的方式进行调整；及

（B）向众议院农业委员会和参议院农业、营养和林业委员会提交报告说明调整的原因。

508D节　饲料和牧草保险

尽管有第508A节和其他可用的保险，对于在同一生长季节、在同一土地上放牧和机械收获的作物，生产者可以为联邦农作物保险公司确定的每个预期用途单独购买保险单，根据第508（n）小节规定，对每个预期用途支付的赔偿不应被视为同一损失。

509节　免税的赔偿金

本法下的赔款不得承担各种财产的扣押、征税或任何其他法律程序，或因被保险人的债务或被保险人的财产而扣除，但美国政府或联邦农作物保险公司根据本法提出的索赔除外。

510节　资金存放

联邦农作物保险公司所有未使用的资金可存入美国财政部或财政部部长批准的银行，联邦农作物保险公司可以随时提取，或经财政部部长批准投资于美国债务或美国为本金和利息提供担保的债务。经财政部部长批准，联邦储备银行被授权指定为联邦农作物保险公司履行本法赋予权力的保管人、托管人和财政代理人。

511节　税收豁免

联邦农作物保险公司，包括其特许经营、资本、储备、盈余及其收入和财产，应免除当前及以后美国或其他领土、属地、或任何州、县、市或地方税务当局的所有税收。联邦农作物保险公司的保险合同和由联邦农作物保险公司再保险的保险合同，应当免除州、市政府或地方税务当局的税收。

512节　财政主管机构

当财政部部长为此目的指定时，联邦农作物保险公司应为公共资金的保管人，但海关规定的收据除外；也可担任政府的财务代理人；应履行政府的公款保管人和财务代理人的所有合理职责。

513节　联邦农作物保险公司会计

联邦农作物保险公司应始终保存完整和准确的账簿，每年向部长提交一份有关联邦农作物保险公司业务的完整报告。

514节　犯罪和犯罪行为

见本法结尾处的刑事条款。

（f）第41章第22节的规定不适用于根据本法订立的农作物保险协议。

515节　计划的合规性和完整性

（a）目的

（1）通则。本节的目的是提高联邦农作物保险计划的合规性和完整性。

（2）保险供应商的角色。联邦农作物保险公司应与认可保险公司积极合作，解决项目的合规性和完整性问题。

（b）合规问题的通知

（1）错误、遗漏和违规的通知。联邦农作物保险公司应书面通知认可保险公司其所犯的错误、遗漏或在执行联邦农作物保险公司制度和程序上的违规以及由此所欠联邦农作物保险公司债务。

（2）通知时间。第（1）款下的通知应在所犯错误、遗漏或违规行为的保险期结束后3年内发出，但该时效不适用于故意造成的错误、遗漏或程序违规。

（3）未及时通知的后果。除非有第（2）款规定，否则未能及时提供本款要求的通知，应免除认可保险公司所欠联邦农作物保险公司债务。

（c）协调生产者信息

（1）通则。部长应为联邦农作物保险公司和农场服务局制定和实施协调计划，协调两者获得的参加本法保险的生产者的信息。

（2）频率。从2001农事年开始，部长要求联邦农作物保险公司和农场服务局至少每年协调这些来源于生产者的信息，以确定和解决差异。

（3）修正。

（A）通则。除联邦农作物保险公司在《2014年农业法》颁布之前批准的修正外，联邦农作物保险公司应制定允许代理人或认可保险公司遵守第（B）项的程序：

（i）在销售结束日期后的合理时间内，修正生产者在提供本法所涉保险单或保险计划要求信息中的错误，以确保资格信息正确并与部长管理的其他项目报告的信息一致；

（ii）在下列合理的时间内：

（Ⅰ）面积报告日期，将生产者报告的错误信息与部长管理的其他项目确定的正确信息协调；或

（Ⅱ）农场服务局核实信息后对数据进行后续修正的日期。

（iii）在任何时候，修正代理人、认可保险公司、农场服务局或农业部其他机构在传递生产者提供的保险信息或其他项目信息时出现的电子传送错误，代理人或认可保险公司依靠这些错误信息提供了农作物保险。

（B）限制。根据联邦农作物保险公司的程序，（A）（i）和（ii）项中所述信息修正，只有在修正生产者不得出现下列行为时做出：

（i）避免对保险的不合格要求，或在农作物保险计划或部长管理的其他计划下获得不成比例的利益；

（ii）在修正之前致损原因已经存在或已经发生的情况下为获得、增加保险保障或保险赔偿，或在不可能发生损失时不交保费；或

（iii）规避联邦或州法律规定的义务或要求。

（C）延迟提交制裁的例外情况。根据本款规定程序在合理时间内作出的修正，不受联邦农作物保险公司再保险协议中规定的延迟提交制裁。

（D）延迟支付债务。如果生产者非故意未能支付联邦农作物保险公司规定的到期债务，并因此根据保险单条款被确定为无资格购买农作物保险，联邦农作物保险公司可根据规定

的程序和限制规定，允许生产者在销售截止日期之后支付债务和购买农作物保险。

（d）识别和消除欺诈、浪费和滥用行为

（1）农场服务局监控计划。部长应为农场服务局制定并执行协调计划，协助联邦农作物保险公司对本法下的保险计划进行持续监控，包括：

（A）如果农场服务局有理由怀疑存在项目欺诈、浪费或滥用，应根据联邦农作物保险公司申请或按照第（2）款规定，主动就项目欺诈、浪费或滥用的指控进行事实调查；

（B）及时以书面形式向联邦农作物保险公司报告根据第（A）项进行的事实调查的结果、有关欺诈、浪费或滥用的指控以及已确定的程序漏洞；

（C）协助联邦农作物保险公司和认可保险公司审计一定统计数量保险单或保险计划的索赔；

（D）使用国家农业统计局或其他数据来源公布的总数据：

（i）发现产量差异或其他数据异常；及

（ii）对相关县、农作物、地区、联邦农作物保险公司或代理人进行审计和其他执法行动。

（2）农场服务局调查。如果在收到第（1）（B）款提交的报告后5个自然日内，联邦农作物保险公司没有提供解释自己行为意图的书面报告，经发生涉嫌欺诈、浪费或滥用的州农场服务局主任批准后，农场服务局有权自行对涉嫌项目欺诈、浪费或滥用进行调查。如果农场服务局调查后认为需要经批准进一步调查，但联邦农作物保险公司拒绝继续进行调查，农场服务局可以将此事转交给农业部监察长。

（3）当地基础设施的使用。第（1）款所要求的计划应规定对农场服务局当地基础设施的使用。农业部长应确保对农场服务局相关人员就计划下分配的职责进行过培训。这些人员经过培训后应通过与认可保险公司损失理算员要求相同的基本能力测试。

（4）维护供应商的工作。

（A）通则。农场服务局在本款的活动并不影响认可保险公司对联邦农作物保险公司要求的索赔审计或其他项目审查的责任。

（B）通知供应商。联邦农作物保险公司应将农场服务局关于涉嫌项目欺诈、浪费或滥用的报告通知给认可保险公司，但涉嫌参与欺诈、浪费或滥用的认可保险公司除外。

（C）回复。收到（B）项所涉通知的认可保险公司，应在部长规定的时间内向联邦农作物保险公司提交报告，说明认可保险公司对于通知中所涉项目欺诈、浪费或滥用指控采取的调查措施。

（5）联邦农作物保险公司对认可保险公司报告的反馈。

（A）迅速反馈。如果认可保险公司向联邦农作物保险公司报告，认可保险公司怀疑有故意虚假陈述、欺诈、浪费或滥用的情况，联邦农作物保险公司应在收到报告后90个自然日内提供书面反馈，说明联邦农作物保险公司拟采取的行动。

（B）合作努力。在任何涉嫌虚假陈述、欺诈、浪费或滥用的情况下，认可保险公司和联邦农作物保险公司应采取协调行动。

（C）未能及时回应。如果联邦农作物保险公司未能按照第（A）项要求作出反馈，认可保险公司可要求农场服务局协助调查涉嫌欺诈、浪费或滥用事项。

（e）与州农业服务局委员会协商

部长应制定程序以供联邦农作物保险公司就该州的保险计划或其相关材料（包括适用的销售截止日期、指定产量和过渡产量）与该州的农场服务局委员会协商。

（f）识别异常表现

（1）涉及的活动。部长应制定程序，使联邦农作物保险公司能够确定以下内容：

（A）销售本法下保险的代理人，其所代理销售的保险损失索赔达到或超出同一区域其他代理人损失索赔平均值的150%（或联邦农作物保险公司规定的适当百分比）。

（B）为本法下保险提供损失理算服务的人，其损失理算导致赔偿或拒赔达到或超出同一区域其他损失理算员平均值的150%（或联邦农作物保险公司规定的适当百分比）。

（2）审查。

（A）审查需求。联邦农作物保险公司应对第（1）（A）项确定的代理人和第（1）（B）款确定的损失理算员进行审查，以确定代理人处理的较高损失索赔，或损失理算员处理的较高赔偿或拒赔是否是欺诈、浪费或滥用的结果。

（B）补救措施。联邦农作物保险公司应对依据本款进行的审查发现的欺诈、浪费或滥用行为采取适当的补救措施。

（3）对代理人和损失理算员的监督。联邦农作物保险公司应制定程序，要求认可保险公司对其雇佣的代理人和损失理算员的履职情况进行年度审查。联邦农作物保险公司应监督年度审查的进行，并与认可保险公司协商根据代理人或损失理算人的年度审查确定必要补救措施。

（g）向联邦农作物保险公司提交信息以支持合规工作

（1）所需的信息类型。部长应制定程序，以便认可保险公司向联邦农作物保险公司提交本法下保险单或保险计划的下列信息：

（A）投保人的姓名和身份证号。

（B）投保农产品。

（C）投保人选择的保障水平，包括价格选择。

（D）用于确定可保产量的实际产量历史。

（2）提交时间。

（A）通则。第（1）款（A）至（C）项所要求的保险单或保险计划下应提交的信息，须确保联邦农作物保险公司在被保险农作物销售结束日期后30个自然日那周的星期六前收到。

（B）实际产量历史。

（i）通则。第（1）（D）项所要求的承保商品保险单或保险计划下需提交的信息（见《2014年农业法》第1111节），须确保联邦农作物保险公司在被保险农作物销售结束日期后30个自然日那周的星期六前收到。

（ii）错误的纠正。第（i）项中的任何规定，不限制认可保险公司在联邦农作物保险公司收到第（i）项中的信息后，纠正依据第（1）（D）项所提交信息中错误的能力。

（h）对项目不合规和欺诈的制裁

（1）虚假信息。生产者、代理人、损失理算员、认可保险公司或其他人故意向联邦农作物保险公司或与本法下保险单或保险计划有关的保险公司提供虚假、不准确的信息，在收到通知并有机会进行记录听证会后，应接受第（3）款所述的一项或多项制裁。

（2）合规性。生产者、代理人、损失理算员、认可保险公司或其他故意不遵守联邦农作物保险公司要求的人，在收到通知并有机会进行记录听证会后，应接受第（3）款所述的一项或多项制裁。

（3）授权制裁。如农业部长确定本小节涉及人员严重违反了第（1）或（2）款规定，可实施以下制裁：

（A）民事罚款。对每次违反行为处以民事罚款，不超过以下两者中的较大者：

（i）因提供虚假或不准确资料或不遵守本法要求而获得的金钱收益；或

（ii）1万美元。

（B）取消生产者资格。如生产者违反规定，则取消其5年内根据以下法律取得货币或非货币补贴的资格：

（i）本法。

（ii）《农业市场转型法》第196条规定的无保险农作物灾害援助计划。

（iii）《1949年农业法》。

（iv）《美国商品信贷公司特许经营法》。

（v）《1938年农业调整法》。

(vi)《1985年食品安全法》第十二章。

(vii)《综合农业和农村发展法》。

(viii)向受农作物损失或农产品价格下降影响的农产品生产者提供援助的任何法律。

(C)取消其他人员的资格。如代理人、损失理算人、认可保险公司或其他人(生产者除外)违反规定，取消其5年内参加本法规定的任何项目或获得任何利益的资格。

(4)制裁的评估。农业部长在决定以下事项时，须考虑本小节所涉人员的违法程度：

(A)是否依据本小节实施制裁；及

(B)应实施制裁的类型和数额。

(5)制裁的披露。本法下的每份保险单或保险计划均应提供通知，说明因下列故意行为导致的第(3)款所涉制裁措施：

(A)向联邦农作物保险公司或认可保险公司提供虚假或不准确的信息；或

(B)未遵守联邦农作物保险公司的要求。

(6)保险基金。根据本法收取的任何资金，均须存入根据第516(c)小节设立的保险基金。

(i)关于计划合规性和完整性的年度报告

(1)报告要求。部长应向众议院农业委员会和参议院农业、营养和林业委员会提交一份年度报告，描述前一年度本法的运作情况及部长和联邦农作物保险公司为执行本法所作的努力。

(2)有关欺诈、浪费和滥用的信息。报告应确定浪费、欺诈或滥用的具体事件，及已采取或正在采取的消除已确定浪费、欺诈或滥用的措施。

(j)信息管理

(1)系统维护和升级。

(A)通则。部长应维护和升级联邦农作物保险公司在管理和执行本法过程中使用的信息管理系统。

（B）要求。

（i）通则。在维护和升级系统时，部长应确保新的硬件和软件与农业部其他机构使用的硬件和软件兼容，以最大限度地实现数据共享和本节的目的。

（ii）面积报告精简倡议项目。部长应尽快制定和执行面积报告精简倡议项目，以便生产者直接向农业部报告面积和其他资料。

（2）使用可用的信息技术。部长应使用数据挖掘、数据存储等信息技术来管理和执行本法。

（3）私营部门的使用。部长可通过签订合同使用私营部门的专业知识和技术资源来执行本法，并由农业部长定期进行竞争性遴选。

（k）对损失理算员和代理人的继续教育

（1）通则。联邦农作物保险公司应对认可保险公司的损失理算员和代理人的继续教育制定要求。

（2）技术要求。第（1）款所述的继续教育要求应确保认可保险公司的损失理算员和代理人熟悉下列内容：

（A）本法提供的保险单和保险计划，包括为实施本法颁布的条例；

（B）通过消除浪费、欺诈和滥用提升项目完整性的努力；

（C）由部长确定的、理算员和代理人对保险单和计划进行理算、销售及服务的其他方面，包括被检查农作物生产地区常见的适当的保护活动和农艺做法（包括有机和可持续做法）。

（l）资金

（1）信息技术。

（A）通则。为实现第（j）（1）款，联邦农作物保险公司可使用根据第516（c）小节设立的保险基金提供的金额，但不超过下列限额：

（i）2014财年1 400万美元；2015—2018财年900万美元；或

(ii) 如果面积报告精简倡议项目在2015年9月30日前基本完成，2015—2018财年不超过1 400万美元。

(B) 通知。农业部长应在不迟于2015年7月1日之前将面积报告精简倡议项目的实质性完成情况通知众议院农业委员会和参议院农业、营养和林业委员会。

(2) 数据挖掘。为执行第(j)(2)款，联邦农作物保险公司可使用根据第516(c)条设立的保险基金提供的金额，在2009财政年度及其后每个财政年度不超过400万美元。

516节　资金

(a) 拨款授权

(1) 可自由支配的开支。授权为1999财年及其后每个财政年度拨款支付联邦农作物保险公司薪金和开支所需的款项。

(2) 强制性费用。授权划拨必要款项以支付1999财年及以后再保险年度的下列费用：

(A) 联邦农作物保险公司用于支付代理人销售佣金的经营管理费用。

(B) 保费补贴，包括为认可保险公司提供追加保险单支付的经营管理费用。

(C) 与第523节规定的牲畜和野生鲑鱼试点项目有关的费用，须受该节第(a)(3)(E)(iii)项限制。

(D) 第522节规定的与研发有关的报销、合同和合作关系等费用。

(b) 从保险基金中支付联邦农作物保险公司费用

(1) 一般费用。对于1999年及以后的再保险年度，联邦农作物保险公司可从根据(c)小节设立的保险基金中支付联邦农作物保险公司所有费用(第(a)(1)款和第(2)(A)项涵盖的费用除外)，包括：

(A) 保费补贴和赔款。

（B）联邦农作物保险公司支付代理人销售佣金所需的经营管理费用。

（C）与认可保险公司签订的再保险协议下到期的所有经营管理费用。

（D）与第523节所涉牲畜和野生鲑鱼试点项目有关的费用，须受该节第（a）（3）（E）（ii）项的限制。

（E）与第522条所涉研发有关的报销、合同和合作关系等费用。

（2）保险单审查与实施。

（A）通则。在1999年及以后的再保险年度，联邦农作物保险公司可使用根据（c）小节设立的保险基金支付以下费用，但每个财政年度不得超过350万美元：

（i）审查和实施保险单、保险计划的费用，及根据第508（h）小节提交或根据第522节或第523节编制相关材料的费用；

（ii）根据第505（e）小节审查保险单、保险计划和相关材料的合同费用，以及其他辅助审查保险单、保险计划和相关材料的合同费用。

（B）乳制品期权试点项目。执行乳制品期权试点项目所需金额不计入第（A）项规定的费用限制。

（C）审查、合规和完整性。

（i）通则。在2014年及其后再保险年度，联邦农作物保险公司可使用根据第（c）小节款设立的保险基金支付下列费用，但每个财政年度不超过700万美元：

（Ⅰ）报销保险单、保险计划和相关材料（包括精算和相关信息）的费用；及

（Ⅱ）协助联邦农作物保险公司保持项目精算可靠性和财务完整性。

（ii）部长的行动。为实现第（i）项所述目的，部长可以在无需进一步拨款的情况下：

（Ⅰ）将本项提供的部分或全部资金合并入风险管理局的账户；及

(Ⅱ) 承担这些资金。

(iii) 资金维护。根据本款提供的资金应添加到联邦农作物保险公司或风险管理局支付费用的其他资金上。

(c) 保险基金

(1) 通则。设立保险基金用于存放保费收入、根据第(a)(2)款提供的资金和根据第515(h)小节收取的民事罚款，不受财政年度限制。

(2) 商品信贷公司基金。如保险基金的金额不足以使联邦农作物保险公司执行第(b)小节，只要商品信贷公司的资金到位：

(A) 联邦农作物保险公司可要求部长使用商品信贷公司的资金执行第(b)小节；

(B) 部长可使用商品信贷公司的资金执行第(b)小节。

517节 可分离性

本法的各节和各款是可分离的，如果本法任何一节或多节或部分内容被认为是违宪的，不影响本法其他部分的有效性。

518节 农产品

本法下的“农产品”是指小麦、棉花、亚麻、玉米、干豆、大豆、燕麦、大麦、黑麦、烟草、大米、花生、大豆、甜菜、甘蔗、西红柿、高粱、向日葵、葡萄干、橘子、甜玉米、干豌豆、冷冻豌豆、饲料、苹果、葡萄、土豆、木材和森林、苗圃作物、柑橘和其他水果和蔬菜、坚果、干草、本地草、大麻、水产品种（包括但不限于鳍鱼、软体动物、甲壳类动物或其他水生无脊椎动物、两栖动物、爬行动物，或在受控或选定的环境中繁殖或饲养的水生植物）或任何其他农产品，不包括由委员会确定的储存的谷物，或如上下文所述的任何一种或多种商品。

519节 无保险农作物灾害援助计划

被1996年公法撤销。

520节　生产者资格

除非本法另有规定，否则在以下情况下，生产者不得被拒绝购买本法下的保险：

（1）巨灾风险保险下，生产者由部长界定的“个人”；

（2）对于任何其他保险计划，生产者应为18岁以上、对农作物以业主的身份具有可保利益，即经营者、地主、租户和佃农等。

521节　没有资格获得巨灾风险保险和无保险援助支付

如果部长确定没有资格的某人在知情的情况下通过逃避本法的方式获得巨灾风险保险、追加保险或无保险的援助利益，则该人没有资格获得本农事年相应计划的所有福利。

522节　研发工作

（a）保险单的定义

在本节中，“保险单”一词是指保险单、保险计划、保险单或保险计划的条款及相关材料。

（b）报销研究、开发和维护费用

（1）研发费用。

（A）通则。联邦农作物保险公司应根据本小节向申请人支付研发费用。

（B）报销。

（i）通则。根据第508（h）小节提交保险单的申请人，如果该保险单获董事会批准出售给生产者，则该申请人有资格报销合理的研发费用。

（ii）合理的成本。为了报销本节规定的研发和维护费用，申请人的费用应基于下列合理的标准：

（I）对于任何雇员或合同人员，工资率不超过劳工统计局规定的年度小时工资率加福利的2倍，使用2016年10月1日联邦农作物保险公司在审查本节下拟定项目预算时对申请人适用的公式计算；及

（Ⅱ）申请人发生的其他有据可查的实际费用。

（2）预付款。

（A）通则。在符合本款其他规定的前提下，董事会可批准申请人在董事会根据第508（h）小节提交和批准保单之前预付款部分合理研发费用的请求。

（B）程序。董事会应制定向申请人批准预付合理研发费用的程序。

（C）概念方案。作为有资格获得预付款的条件，申请人须就根据第508（h）小节向董事会提交的保险单提出概念方案，以符合董事会根据第（B）款制定的提交程序，包括：

（i）申请人资格摘要，包括先前根据第508（h）小节向董事会提交的概念方案和文件，以及根据本小节进行的工作；

（ii）申请人预计发生的研发总费用；

（iii）对保险单需求的描述、受影响生产者对保险单的适销性和预期需求，以及保险单对生产者和农作物保险销售系统的潜在影响；

（iv）可用的数据源摘要，证明该保险单可以合理制定适当的费率；及

（v）确定拟议保险单将承保的风险，并说明所确定的风险在本法下如何可保。

（D）审查。

（i）专家。如果满足（B）和（C）项的要求，董事会可将（C）项所涉概念方案提交给不少于2名董事会确定的独立专家审查人，评估拟议保险单的可行性和可销售性。

（ii）时间。第508（h）（4）款（C）项和（D）项所述的时限适用对本项下概念方案的审查。

（E）批准。

（i）通则。董事会在审议第（D）项所述审查人报告及董事会认为适当的其他资料后，可批准按照委员会制定的付款程序向申请人预付研发费用总额的50%，如委员会认为：

（Ⅰ）该概念可能产生符合第508（h）小节要求的可行且可销售的保险单；

（Ⅱ）由董事会自行决定，如果该概念发展成为董事会批准的保险单：

（aa）将提供显著改进的农作物保险；

（bb）为传统上不受联邦农作物保险计划服务的农作物或地区提供保险；或

（cc）解决项目中明显的缺陷或问题；

（Ⅲ）申请人同意提供联邦农作物保险公司认为监督开发工作所需的报告；

（Ⅳ）董事会确定的提案预算和时间安排是合理的；及

（Ⅴ）概念方案符合董事会认为适当的其他要求。

（ii）豁免。在提交人开始研发后，应提交人的要求，董事会可豁免50%预付款的限制，可批准向提交人额外支付25%的预付款，如果董事会认为：

（Ⅰ）提交人制定的保险单或保险计划将为联邦作物农保险计划未提供服务的地区或农作物提供保险，包括特种农作物；及

（Ⅱ）提交人在制定符合第508（h）小节要求的可行的、可销售的保险单或保险计划方面取得令人满意的进展。

（F）提交保险单。如果董事会批准第（E）项规定的预付款，董事会应确定一个日期，以便申请人按照第508（h）小节（包括根据该节执行的程序）的规定提交董事会批准。

（G）最终付款。

（i）批准的保险单。如果保险单根据第（F）项提交，并经

董事会根据第508（h）小节及董事会制定的程序（包括第（B）项规定的程序）批准，则申请人有资格以第（1）（B）项下保险单报销相同的方式获得合理的研发费用，扣除根据第（E）项支付的费用。

（ii）未获批准的保险单。如果根据第（F）项提交保险单，但没有通过董事会根据第508（h）小节的批准，联邦农作物保险公司应：

（Ⅰ）不要求退还依据本款支付的款项；及

（Ⅱ）不支付与本款提交保单相关的进一步研究和开发的费用。

（H）未提交的保险单。如申请人收到预付款，未能履行申请人对董事会的义务，即没有正当理由未提交第（B）项规定的文件，包括通知和合理的反馈机会，申请人须向董事会退还预付款金额加利息。

（I）重复提交。

如果申请人已经提交的概念方案出现下列两种情况，董事会可禁止向申请人预付款：

（i）提交的概念方案没有产生可上市的产品；或

（ii）提交的概念方案质量较差。

（J）资格持续。本款下确定申请人没有资格获得预付款，不影响申请人根据第（1）（B）项规定进行报销。

（K）对大麻的豁免。在大麻保险单的研发方面，董事会可豁免本款规定的可行性和可销售性的要求。

（3）适销性。

（A）通则。除第（B）项另有规定外，联邦农作物保险公司只有在董事会根据营销计划认定该保险单可供销售后，才会批准第（1）款规定的报销。

（B）对大麻的豁免。在大麻保险单的研发过程中，联邦农作物保险公司可以豁免第（A）项规定的适销性要求。

（4）维护费用。

（A）要求。联邦农作物保险公司应报销与第（1）款所述保险单年度承保费用有关的维护费用。

（B）期限。有关维护费用可在董事会根据本小节批准付款后不超过四个再保险年的期限内支付。

（C）维护选项。在（B）项所述的4年期满后，负责维护保险单的申请人可以：

（i）维护保险单，向根据本小节出售保险单的认可保险公司收取费用；或

（ii）将保险单的维护责任转让给联邦农作物保险公司。

（D）费用。

（i）金额。经董事会批准，选择出售保险单的认可保险公司应支付的维护费用金额，应由维护保险单的申请人决定。

（ii）批准。董事会应批准依据第（i）项确定的保险单维护费用数额，除非董事会认为该费用数额：

（Ⅰ）与保险单相关的维护费用不合理；或

（Ⅱ）不必要地限制保险单的使用。

（iii）审查。在董事会批准第（ii）项规定的费用金额后，该费用应保持有效，董事会不予审查，除非：

（Ⅰ）申请人请求董事会重新考虑该费用；

（Ⅱ）董事会认为保险单作出了重大变更；或

（Ⅲ）董事会认为有大量证据表明该费用限制了保险单的销售或使用。

（5）付款的处理。

根据本小节对保险单的付款，应视为联邦农作物保险公司对保险单研发和保险单财产权的全部付款。

（6）报销金额。

联邦农作物保险公司应根据保险单的复杂性和预计出售保险单或材料的区域面积，确定根据本小节对已批准保险单的付款金额。

（c）研发机构

（1）授权。联邦农作物保险公司可开展活动或签订合同进行研发，维持或改进现有保险单，或制定新保险单以实现下列目的：

（A）提高州参与率，如果联邦农作物保险公司认为该州：

（i）联邦农作物保险的参与和供应水平一直和持续较低；及

（ii）联邦农作物保险计划服务不足。

（B）提高联邦农作物保险计划服务不足地区的参与率；

（C）提高服务不足农产品生产者的参与率，包括特种农作物。

（2）服务不足的农产品和地区。

（A）专家。联邦农作物保险公司可根据规定的程序，与有资格的人员就实现第（1）款目的的保险单进行研发或签订合同。

（B）咨询。在进行研发或根据第（A）项签订合同之前，联邦农作物保险公司应向代表生产者的团体就所研发的保险单进行咨询。

（3）人员资格。联邦农作物保险公司认定的有农作物保险或农牧场风险管理经验的人（包括学院或大学、认可保险公司及贸易或研究机构），即有资格根据本小节与联邦农作物保险公司订立合约。

（4）合同类型。本小节的合同可为新保险单或扩展保险单提供研发，包括基于调整后总收入、生产成本、质量损失的保险单，以及比巨灾风险保险具有更高保障水平和成本的中等基础计划。

（5）使用由此产生的保险单。联邦农作物保险公司可提供根据本小节开发的、由董事会根据第505（e）小节经过专家审查后批准的保险单。

（6）研发优先事项。联邦农作物保险公司应将制定增加服务不足农产品生产者参与率的保单，作为公司的最高研发重点之一，具体包括甜高粱、生物质高粱、水稻、花生、甘蔗、苜蓿、花椒、专用能源作物和特种农作物。

（7）全农场多元化风险管理保险计划。

（A）通则。除非联邦农作物保险公司批准在2016再保险年度为生产者提供类似于本款所述的全农场保险计划，否则联邦农作物保险公司应开展活动或签订合同研发全农场风险管理保险计划，责任限额150万美元，为多元化农作物或牲畜生产者提供选择权，如果实际农场总收入低于平均农场总收入或预期农场总收入的85%即可获得赔偿，具体由联邦农作物保险公司决定。

（B）符合条件的生产者。联邦农作物保险公司应允许生产多种农产品的生产者，包括特种作物、工业作物、牲畜和水产养殖产品的生产者（包括直接面向消费者的市场营销人员及服务于当地、地区和农场非转基因市场的生产者）参与根据第（A）项制定的计划，以代替本法的其他计划。

（C）多样化。联邦农作物保险公司可提供基于多样化的追加保险费率、保费折扣或其他增强利益，以确认农作物和牲畜多样化战略的风险管理效益：

（i）种植多种作物；或

（ii）从使用农场种植的农作物饲养牲畜获得收入。

（D）市场准备。联邦农作物保险公司可为帮助农产品离开田地的包装等活动提供保险。

（E）审查修改以提高有效性。

（i）通则。《2018年农业提升法》颁布后18个月内：

（Ⅰ）联邦农作物保险公司应召开利益相关者会议，征求生产者和代理人的反馈；及

（Ⅱ）董事会应审查代理人和生产者的程序和文件工作要求，酌情修改程序和要求，以减轻负担，提高灵活性和有效性。

（ii）因素。在执行第（i）（Ⅱ）项时，董事会应考虑：

（Ⅰ）取消苗圃和牲畜生产上限；

（Ⅱ）允许豁免扩大业务，尤其是对于小农户和初级农民；

（Ⅲ）尽量减少生产者和代理人的文书工作；

（Ⅳ）对总收入低于100万美元的生产者实施选择权，这对文件和记录保存的要求大大减少；

（Ⅴ）开发和使用替代记录，如加盖时间戳的照片或技术应用程序以记录种植和生产历史；

（Ⅵ）将水产养殖品种的不同生长阶段作为独立作物处

理，识别不同生长阶段的危险差异；

（Ⅶ）调节灾难年对历史收入的影响，例如:（aa）使用历史和预计收入的平均水平；（bb）把赔偿作为损失年的历史收入；（cc）根据《1996年联邦农业改进和改革法》第196节规定把付款计为亏损年份的历史收入；或（dd）使用由部长确定的、与第508（g）（6）（A）（i）项中类似的指定产量下限；

（Ⅷ）改善对诸如小型奶牛场等服务不足地区和部门的代理商培训和推广服务；及

（Ⅸ）对可保损失提供保险和赔偿:（aa）损失超过免赔额后；及（bb）到总保额的最高金额。

（F）初级农牧场主的限定。

尽管有第502（b）（3）款规定，但就本款所述计划而言，“初级农牧场主”是指作为农牧场的所有者、经营人、地主、佃户或佃农积极经营作物、对其具有可保利益没有超过10个农事年。

（8）与限制的关系。根据本小节制定的保险单，可以不考虑本法的限制，包括：

（A）关于保障水平和费率水平的要求；

（B）要求每种被保险农产品的价格水平必须等于董事会规定的农产品预期市场价格。

（9）热带风暴或飓风保险。

（A）通则。联邦农作物保险公司应开展研发或与有资格人员签订合同研发承保农作物（包括西红柿、辣椒和柑橘）因热带风暴或飓风造成损失的保险。

（B）研发。（A）项下的研发应：

（i）评估风险管理工具对低频率和灾难性损失天气事件的有效性；及

（ii）制定至少保护以下1项的保险单：

（Ⅰ）产量损失；

（Ⅱ）收入损失。

（C）报告。在《2018年农业提升法》颁布之日起1年内，联邦农作物保险公司应向众议院农业委员会和参议院农业、营养和林业委员会提交一份报告，说明：

（i）根据本款进行的研发结果；及

（ii）关于这些结果的建议。

（10）质量损失。

（A）通则。联邦农作物保险公司应开展研发，或与有资格人员签订合同，以建立以下质量调整损失的替代方法：

（i）不影响生产者实际生产历史的方法。

（ii）在生产者的保险作物遭受质量损失不足以引发赔偿的情况下，生产者可以选择将该质量损失从生产者的实际生产历史中剔除的方法。

（iii）结合第（i）和（ii）项所述方法的1种或多种方法。

（B）要求。尽管有第508节第（g）和（m）小节要求，联邦农作物保险公司根据（A）项开发的任何方法应为：

（i）生产者可选择使用；及

（ii）以精算可靠的保险费率提供。

（C）报告。在《2018年农业提升法》颁布后1年内，联邦农作物保险公司应向众议院农业委员会和参议院农业、营养和林业委员会提交一份报告描述：（i）根据（A）项进行的研发结果；及（ii）关于这些结果的建议。

（11）柑橘类植物。

（A）通则。联邦农作物保险公司应开展研发，或与有资格人员签订合同，开展有关柑橘类水果商品保险的研发，研发内容包括：（i）改进1项或以上现有保险单，包括全农场收入保护试点保险单；（ii）柑橘类水果商品收入保险的替代方法；及（iii）为柑橘类水果商品制定新的或扩大现有的收入保险单。

（B）报告。在《2018年农业提升法》颁布后1年内，联邦农作物保险公司应向众议院农业委员会和参议院农业、营养和林业委员会提交一份报告描述：（i）根据（A）项进行的研发结果；及（ii）关于这些结果的建议。

（12）啤酒花。

（A）通则。联邦农作物保险公司应开展研发，或与有资格人员签订合同，研发保障啤酒花产量或生产收入的保险单。

（B）报告。在《2018年农业提升法》颁布后1年内，联邦农作物保险公司应向众议院农业委员会和参议院农业、营养和林业委员会提交一份报告描述：

（i）根据第（A）项进行的研发结果；及

（ii）关于这些结果的建议。

（13）地下灌溉实践。

（A）通则。联邦农作物保险公司应进行研发，或与有资格人员签订合同，研发地下灌溉的单独做法，包括在一个县内建立单独的过渡产量，以反映与安装地下灌溉系统相关的生产力和产量的平均收益。

（B）报告。在《2018年农业提升法》颁布后的18个月内，联邦农作物保险公司应向众议院农业委员会和参议院农业、营养和林业委员会提交一份报告描述：

（i）根据第（A）项进行的研发结果；及

（ii）关于这些结果的建议。

（14）谷物高粱。

（A）通则。联邦农作物保险公司应开展研发，或与有资格人员签订合同开展研发：

（i）改善1项或多项承保灌溉谷物高粱的保险单；

（ii）为生产历史不超过4年的生产者提供灌溉谷物高粱保险的替代方法；及

（iii）按县评估谷物高粱保险单与该县其他饲料谷物保险单在费率、平均产量和保障水平上的差异。

（B）报告。在《2018年农业提升法》颁布后的18个月内，联邦农作物保险公司应向众议院农业委员会和参议院农业、营养和林业委员会提交一份报告描述：

（i）根据第（A）项进行的研发结果；及

（ii）关于这些结果的建议。

（15）有限灌溉实践。

（A）授权。联邦农作物保险公司应：

（i）考虑将由部长决定的有限灌溉保险计划扩大到邻近州和处境类似的州（如科罗拉多州和内布拉斯加州）；

（ii）就现有有限灌溉保险计划的市场可行性进行研究，或与有资格人员进行研究；及

（iii）就如何提高该项目的参与程度提出建议。

（B）研究。在根据第（A）项进行研究时，有资格的人员应：

（i）与研究人员就以下主题合作：

（Ⅰ）减少灌溉做法或有限灌溉做法；及

（Ⅱ）采用减少灌溉措施后的预期产量下降；

（ii）与负责收集和管理灌溉用水的州和联邦官员合作；

（iii）提供建议，鼓励生产者实施有限灌溉做法、减少灌溉和节水做法；

（iv）开发基于网络的应用程序，以简化对灌溉作物选择节约用水做法的生产者获得保险的途径。

（C）报告。在《2018年农业提升法》颁布后18个月内，联邦农作物保险公司应向众议院农业委员会和参议院农业、营养和林业委员会提交一份报告描述：

（i）根据（A）和（B）项进行的研究结果；

（ii）鼓励生产者实施有限灌溉、减少灌溉和节水做法的建议；及

（iii）联邦农作物保险公司为执行（ii）项所述建议采取的行动。

（16）可保的灌溉水稻。

（A）通则。联邦农作物保险公司应开展研发，或与有资格人员签订合同进行研发，对现行水稻保险单增加灌溉做法，或对使用下列灌溉做法的水稻制定单独的保险单：

（i）交替润湿和干燥做法（也称“间歇性灌溉”）；及

（ii）犁沟灌溉做法。

（B）报告。在《2018年农业提升法》颁布之日起18个月内，联邦农作物保险公司应向众议院农业委员会和参议院农业、营养和林业委员会提交一份报告描述：

（i）根据第（1）款进行研发的结果；及

（ii）关于这些结果的建议。

（17）温室保险单。

（A）通则。

（i）研发。联邦农作物保险公司应该开展研发，或与有资格人员签订合同研发承保下列温室等受控环境的保险单：

（Ⅰ）花卉栽培、苗圃和花坛植物的生产；

（Ⅱ）在培养基中扦插或组织培养；或

（Ⅲ）农业部决定的其他类似生产。

（ii）保险单的可用性。尽管有第508（a）（1）款和第508（a）（2）款最后一句的规定，如果符合第508（h）小节的要求，联邦农作物保险公司应提供第（i）款所述的保险单。

（B）所述的研发。第（A）（i）项所述研发应评估下列在受控环境中生产植物的保险单的有效性：

（i）基于以下风险的保险单：

（Ⅰ）环境中引入植物疾病的风险；

（Ⅱ）受污染的插枝、幼苗或组织培养物；或

（Ⅲ）联邦或州有关第（Ⅱ）项所述污染物品的检疫或销毁令；

（ii）考虑适用于受控环境中的其他损失原因，如天气造成的电力损失；

（iii）考虑减少风险损失的最佳做法；

（iv）考虑是在一份保险单下为各种类型的植物提供保险，还是为每种类型的植物各提供一份保险；

（v）考虑到较短的繁殖时间、变化的农事年以及可能在一个设施中生产的植物种类，从而简化了报告和文书工

作要求；及

（vi）为收入损失提供保障。

（C）报告。在《2018年农业提升法》颁布之日起2年内，联邦农作物保险公司应向众议院农业委员会和参议院农业、营养和林业委员会提交一份报告描述：

（i）根据第（1）款进行研发的结果；以及

（ii）关于这些结果的建议。

（18）当地食物。

（A）通则。

（i）可行性研究。联邦农作物保险公司应进行研究，或与有资格人员签订合同研究承保下列产品保险单的可行性：

（Ⅰ）花卉、水果、蔬菜、家禽、牲畜等及其产品；及

（Ⅱ）针对当地消费者和市场的产品。

（ii）保险单的可用性。尽管有第508（a）（1）款和第508（a）（2）款最后一句的规定，如果下列条件满足：联邦农作物保险公司应提供符合第（i）项规定的保险单：

（Ⅰ）第（i）项下可行性研究的结果是可行的；及

（Ⅱ）满足第508（h）小节的要求。

（B）所述的可行性研究。第（A）（i）项所述的可行性研究应评估下列针对当地消费者和市场的生产保单的有效性：

（i）考虑城市、郊区、农村地区的小规模生产；

（ii）考虑各种营销策略；

（iii）允许在土壤和替代系统中生产，例如垂直系统，温室，屋顶或水培系统；

（iv）在计算产量或收入损失时考虑价格溢价；

（v）考虑是一份保险单承保不同生产类型还是为每一种植物各提供一份保险单；及

（vi）简化报告和文件要求。

（C）报告。在《2018年农业提升法》颁布之日起2年内，联邦

农作物保险公司应向众议院农业委员会和参议院农业、营养和林业委员会提交一份报告：

（i）审查现有保险单版本，如全农场收入保护保险，是否可为当地食物生产者量身定制优化的保险；

（ii）描述根据第（A）（i）项进行的可行性研究的结果；及

（iii）包括关于这些结果的建议。

（19）高风险、高产河滩保险单。

（A）通则。

（i）研发。联邦农作物保险公司应与有资格人员签订合同，为下列玉米、棉花和大豆生产者研发保险单：

（Ⅰ）在密西西比河下游河谷流域的高产土地上作业；

（Ⅱ）具有不少于5年的生产历史；及

（Ⅲ）过去10年内由于泥沙沉积或联邦建设工程频繁受到洪水影响。

（ii）保险单的可用性。尽管有第508（a）（1）款和第508（a）（2）款最后一句的规定，如果符合第508（h）小节的要求，联邦农作物保险公司应提供第（i）条所述的保险单。

（B）所述的研发。第（A）（i）项所述的研发应评估高风险地区低成本保险单的可行性，具体包括下列内容：

（i）考虑保险费率调整；

（ii）考虑自动剔除连续损失年份的产量；及

（iii）考虑最终种植日期和终止种植的灵活性。

（C）报告。在《2018年农业提升法》颁布之日起2年内，联邦农作物保险公司应向众议院农业委员会和参议院农业、营养和林业委员会提交一份报告描述：

（i）审查是否可用现有保险单为河滩地生产者量身定制更优化的保险；

（ii）描述说明根据（A）及（B）项进行的研发结果；及

（iii）关于这些结果的建议。

（d）风险管理伙伴关系的发展和实施

（1）目的。本小节的目的是授权联邦农作物保险公司与公共和私营实体建立合作关系，以实现下列目的：

（A）增加生产者减轻损失、降低财务和其他风险的管理工具，优先考虑《农业市场转型法》第196节所述农产品生产者的风险管理工具、特种农作物和服务不足的农产品；或

（B）改进有关合规性分析工具和技术，或识别和使用创新的合规性策略。

（2）机构。联邦农作物保险公司可与国家粮食和农业研究所、农业研究局、国家海洋大气管理局等公共机构和私营机构建立合作关系，这些机构在为特种农作物和服务不足的农产品生产者开发和实施风险管理和营销选择方面具有良好的能力。

（3）目标。联邦农作物保险公司可根据第（2）款建立合伙关系以达到下列目标：

（A）增强对可能负面影响农作物产量、质量和最终产品的天气状况的及时通知，以便生产者采取预防措施，提高最终产品的适销性和盈利能力，减少农作物保险索赔的可能性；

（B）制定一种多方面的害虫管理和施肥方法，以减少投入、减少环境暴露和提高施用效率；

（C）发展或改进规划、繁殖、种植、生长、维护、收获、储存、运输和营销技术，以解决与年度和地区变化有关的质量和数量下降；

（D）明确劳动要求，协助生产者遵守要求，更好地满足与特殊农作物和服务不足农产品生产相关的物理密集和时间密集的种植、照料和收获要求；

（E）协助国家护林员或类似官员按规定在私人森林土地上使用燃烧装置，以预防、控制和扑灭火灾；

（F）为生产者提供培训和信息机会，使生产者能够更好地使用财务管理、农业财务基准、农作物保险、营销合同和其他现有和新兴的风险管理工具；

（G）改进有关合规性的分析工具和技术，或识别和使用创新的合规性策略；及

（H）开发其他风险管理工具，以进一步提高经济和生产稳定性。

（e）资金

（1）报销。根据第516（c）小节设立的保险基金提供的款项中，联邦农作物保险公司依据（b）小节规定在2008财年及以后每个财政年度可报销不超过750万美元。

（2）合同。

（A）开展研发和外包。根据第516（c）小节设立的保险基金提供的款项中，联邦农作物保险公司可根据（c）和（d）小节进行研发、研发外包和研发合作，但不得超过：

（i）1 250万美元；及

（ii）2019财年及此后每个财政年度800万美元。

（B）服务不足的州。在第（A）项提供的财政年度金额中，联邦农作物保险公司在该财政年度使用不超过500万美元，以实现第（c）（1）（A）项所述的目的。

（3）未使用的资金。如果联邦农作物保险公司确定某一财政年度本节规定的可用款项不需要用于上述目的，联邦农作物保险公司可以使用：

（A）每个财政年度使用不超过500万美元，以提高项目的完整性，包括：

（i）增加合规性培训；

（ii）改进有关合规性的分析工具和技术；及

（iii）联邦农作物保险公司确定的信息技术；和

（iv）识别和使用创新的合规性策略；

（B）执行本节授权的其他活动的超预算金额。

523节　试点项目

（a）通则

（1）授权。除非本法另有规定，联邦农作物保险公司可自行酌情决定

实施根据第508（h）小节提交给董事会并获得批准的试点项目，或根据第（b）小节或第522节制定的试点项目，评估试点项目测试的建议或新风险管理工具是否适合市场，是否满足农产品生产者的需要。

（2）私人保险。根据本小节规定，如果私营公司能对某种风险提供保险，联邦农作物保险公司不得开展针对该风险的保险试点项目。

（3）保障内容。第（1）款所述的试点项目可以包括为下列损失提供保险保障的试点项目：

（A）干旱或虫害造成的牧场饲料减少；

（B）牲畜中毒和疾病；

（C）使用杀虫剂造成的蜜蜂损失；

（D）与水果、坚果、蔬菜、特殊农作物、水产养殖品种和森林产业需求（包括观赏类）相关的特殊风险；

（E）2001年10月1日以后野生鲑鱼，除了：

（i）任何关于野生鲑鱼的试点项目，可不受本法限制；及

（ii）联邦农作物保险公司应执行本法下的所有野生鲑鱼项目，在最大可能程度上使2002及以后每个财政年度所有费用不超过100万美元。

（3）试点项目的范围。联邦农作物保险公司可以：

（A）在考虑受影响生产者和联邦农作物保险公司的风险及利益后，批准根据本节在地区、州或国家基础上进行的试点项目；

（B）经营试点项目，包括对试点项目进行修改，试点时间最长可达4年；

（C）根据联邦农作物保险公司确定的适当情况延长试点项目的时间；

（D）为生产者的下列行为提供试点项目：

（i）因使用全农场单位或单个作物保险单位而降低保险费；及

（ii）跨越州、县界形成保险单位。

（b）牲畜试点项目

（1）牲畜的定义。在本小节中，“牲畜”包括但不限于牛、绵羊、猪、山羊和家禽。

（2）项目。根据第（7）款，联邦农作物保险公司应开展两个或两个以上试点项目，以评估牲畜生产者的风险管理工具的有效性，包括使用保护牲畜生产者利益的期货和期权合同、保险单和保险计划：

（A）向牲畜生产者提供合理保障，免受牲畜生产和销售中固有的价格或收入波动的财务风险；或

（B）产量损失保障。

（3）项目目的。联邦农作物保险公司应在最大可行范围内评估第（2）款所述的数量和种类最多的试点项目，以确定哪些风险管理工具最适合保护生产者免受与牲畜生产和销售相关的财务风险。

（4）时间。联邦农作物保险公司应在2001财政年度开始根据本小节开展牲畜试点项目。

（5）与其他限制的关系。根据本小节提供的任何保险单或保险计划的编制均可不考虑本法的限制。

（6）援助。作为本小节试点项目的一部分，联邦农作物保险公司可为保险单或保险计划提供再保险，并对试点项目下购买的期货、期权合同、保险单和保险计划提供补贴。

（7）私人保险。如果联邦农作物保险公司确定私营公司可对牲畜生产者的某种风险提供保险，则不得就本小节规定采取措施。

（8）地点。联邦农作物保险公司应选定一些县开展牲畜试点项目，以便对生产者关于试点项目中风险管理工具的可行性、有效性和需求进行全面评估。

（9）符合条件的生产者。在被选为试点项目地点的县拥有或经营农牧场的牲畜生产者，都有资格参加本小节的试点项目。

（c）收入保险试点项目

（1）通则。根据第522（e）（4）款的规定，部长应在其确定的县，在

1997—2001农事年实施试点项目。据此，小麦、饲料谷物、大豆或部长确定的其他商品的生产者，可选择接受部长决定的收入损失保险。

（2）管理。根据本小节投保的收入保险应：

（A）通过与私人保险公司的再保险安排提供服务；

（B）提供与巨灾风险保险相当的最低保障水平；

（C）精算稳健；及

（D）要求投保人支付保险费和管理费。

（d）降低保险费率试点项目

（1）目的。本小节设立的试点项目的目的是，确定认可保险公司能否在保持财务可靠性和联邦作物保险计划完整性的同时，与降低保险费率的市场或保险计划展开竞争。

（2）建立

（A）通则。从2002农事年开始，联邦农作物保险公司应建立一个试点项目，认可保险公司可据此建议董事会批准下列降低费率的保险单或保险计划：

（i）一种或多种农产品；及

（ii）在有限的地理区域内，由认可保险公司提议并经董事会批准。

（B）董事会作出决定。董事会应批准根据本小节提出的降低保费的保险单或保险计划，如果董事会认为：

（i）生产者在试点区域内的利益得到充分保护；

（ii）保险费率在精算上是适当的；

（iii）拟议试点区域面积足够大；

（iv）拟议保险单或保险计划不会在拟议试点区域不公平地歧视生产者；

（v）如果拟议保险单或保险计划可在比拟议试点区域更大的地理区域内提供，则拟议保险单或保险计划应：

（Ⅰ）不会对农作物保险销售系统产生重大不利影响；

（Ⅱ）不会降低计划的完整性；

（Ⅲ）精算适当；

（Ⅳ）不会给联邦政府造成额外的财政负担；及

（Ⅴ）拟议保险单或保险计划符合董事会确定的本法其他要求。

（C）时间限制及程序。委员会根据第508（h）小节设立的时限及程序适用依据本小节提出的建议。

（e）调整后总收入保险试点项目

（1）通则。联邦农作物保险公司应至少在2004再保险年度实施2002再保险年度生效的调整后总收入保险试点项目。

（2）追加的县。

（A）通则。除试点项目中的县外，联邦农作物保险公司应把加利福尼亚州的至少8个县和宾夕法尼亚州的至少8个县纳入2003再保险年度试点项目。

（B）选择标准。在执行第（A）项时，联邦农作物保险公司应与各州农业部合作制定标准，以确定将哪些县纳入试点项目。

（f）亚麻荠（荠蓝）试点项目

（1）通则。联邦农作物保险公司应根据508（h）小节建立试点项目，以使亚麻荠生产者或加工者可向董事会建议批准亚麻荠保险单或保险计划。

（2）董事会决定。如果董事会认为根据第（1）款提出的保险单或保险计划达到下列要求，须批准该保险单或保险计划：

（A）保护生产者的利益；

（B）精算稳健；及

（C）符合本法的要求。

（3）时间框架。联邦农作物保险公司应在本小节颁布日期后在切实可行情况下尽快启动亚麻荠保险试点项目。

（g）芝麻保险试点项目

（1）通则。除联邦农作物保险公司的其他授权外，联邦农作物保险公司还应建立并实施不开裂芝麻试点项目以使不开裂芝麻生产者可选择获得联邦农作物保险公司确定的多危险农作物保险。

（2）条款和条件。芝麻保险试点项目提供的多危险农作物保险应：

（A）通过与私营保险公司签订再保险协议提供；

（B）精算健全；及

（C）要求投保的生产者支付保险费和管理费。

（3）地点。芝麻保险试点项目仅在得克萨斯州进行。

（4）期限。联邦农作物保险公司须在本小节颁布日期后，在切实可行的情况下尽快开始芝麻保险试点项目。

（h）草籽保险试点项目

（1）通则。除联邦农作物保险公司的其他授权外，联邦农作物保险公司还应建立并实施草籽试点项目，以使肯塔基蓝草或多年生黑麦草生产者可以选择获得联邦农作物保险公司确定的多重危险农作物保险。

（2）条款和条件。草籽保险试点项目提供的多重作物保险应：

（A）通过与私营保险公司签订再保险协议提供；

（B）精算健全；及

（C）要求投保的生产者支付保险费和管理费。

（3）地点。草籽保险试点项目仅在明尼苏达州和北达科他州进行。

（4）期限。联邦农作物保险公司须在本款制定日期后，在切实可行范围内尽快开始实施草籽保险试点项目。

（i）服务不足农作物和地区试点项目

（1）牲畜商品的定义。在本小节中，“牲畜商品”包括牛、绵羊、猪、山羊和家禽，及草地、牧场和作为牲畜饲料来源的草料。

（2）授权。尽管有第（a）（2）款规定，联邦农作物保险公司可根据本法要求，进行2个或更多试点项目，为服务不足特种农作物和牲畜商品生产者提供天气指数保险。

（3）审查和批准提交。

（A）通则。如果董事会认为认可保险公司提交的保险单或保险计划能提供第（2）款规定的保险，并符合本款所述的条件，董事会应批准2个或2个以上的保险单或保险计划。

（B）相关要求。为获得本小节规定的批准，认可保险公司须符合下列条件：

（i）有承保和管理类似拟议保险单或保险计划的丰富经验；

（ii）有足够的资产或再保险履行承保义务，从董事会认可的信用评级机构获得较高的保险信用评级；及

（iii）须有打算销售保险产品所在州的授权和批准。

（C）审查要求。在审查根据本小节提出的申请时，董事会应根据第508（h）小节提交的保险单或保险计划的标准、规则和程序以及适用于本法下提供的其他保险单和保险计划的精算健全要求进行审查。

（D）优先级。董事会应优先考虑为以前没有农作物保险或在现有保险下参与率较低的特殊农作物和牲畜商品提供新保险的申请。

（4）保险费支付支持。

（A）通则。联邦农作物保险公司应为购买本小节所批准保险单或保险计划的生产者支付部分保险费。

（B）数量。每英亩的保险费补贴应与本法下类似保险单或再保险计划的补贴水平相当，但无论如何保险费补贴不得超过联邦农作物保险公司确定的总保险费的60%。

（C）计算。由联邦农作物保险公司确定的保费补贴应计算为：

（i）保费百分比；

（ii）根据合理精算方法确定的预期损失百分比；或

（iii）每英亩固定金额。

（D）付款。除第（B）和（C）项规定外，本小节规定的保费补贴应由联邦农作物保险公司以与其他保险单和保险计划相同的方式、条款和条件支付。

（E）经营管理费用补贴。

（i）通则。根据第（ii）项，可对本小节批准的保险单和保险计划支付经营管理费用，金额与本法下类似保险计划

相当，条件是经营管理费用不包括在保费中。

（ii）限制。根据第（F）（i）项的规定，不得为本小节批准的保险单和保险计划提供或收取联邦再保险、研究和开发费用、其他补偿或维护费用。

（F）认可保险公司。本小节批准的保险单或保险计划只能由提交申请的认可保险公司和符合下列条件的、新加入的认可保险公司提供：

（i）同意向提交申请的认可保险公司支付双方同意的、合理适当的维护费或其他费用，以确保新加入的认可保险公司可以提供保险单或保险计划；及

（ii）符合董事会确定的第（3）（B）项的资格标准。

（G）与其他规定的关系。尽管有第（6）款的规定，本款的要求仍适用。

（5）监督。

联邦农作物保险公司应制定并公布程序来管理依据本小节批准的保险单或保险计划：

（A）要求每个认可保险公司报告销售额、面积和索赔数据以及联邦农作物保险公司认为适当的任何数据，以便联邦农作物保险公司评估产品的销售额和业绩；

（B）包含联邦农作物保险公司认为必要的其他要求，以确保产品：

（i）不会对农作物保险销售系统产生重大不利影响；

（ii）符合生产者的最大利益；及

（iii）不会降低项目完整性。

（6）保密性

（A）通则。根据《美国法典》第5编第552（b）（4）款规定，第（5）款要求的所有报告以及申请人根据本小节产生或获得的所有专有信息和数据均应被视为机密的商业或财务信息。

（B）标准。如果有关提案信息被部长依据《美国法典》第5编第552（b）（4）款规定的商业秘密和机密的商业或财务信息标准保留，则该信息不得向公众发布。

（7）不合格的目的。

在任何情况下，根据本小节提供的保险单或保险计划，均不得提供与私人冰雹保险基本相似的保险。

（8）资金。

（A）支出限制。尽管本小节有联邦农作物保险公司资金的其他规定，联邦农作物保险公司应在2015—2018财政年度执行本节下每年支出不超过1 250万美元，在支出前始终保持资金可用。

（B）与其他计划的关系。根据本节提供的资金，应是在本法其他规定提供资金之外的资金，包括根据第（b）小节供的资金。

524节　教育和风险管理援助

（a）教育援助

（1）通则。根据第（4）款规定的数额，部长应通过国家粮食和农业研究所执行根据第（2）款制定的项目。

（2）风险管理教育的合作伙伴关系。

（A）授权。部长应通过国家粮食和农业研究所制定项目，向有资格的公共和私人实体（包括政府赠地大学、合作推广服务机构和学院或大学）提供竞争性资助以教育农业生产者，向农业生产者提供全面的农场生存能力和风险管理活动的技术援助，包括期货、期权、农业交易期权、农作物保险、商业规划、企业分析、转让和传承规划、管理指导、市场评估、现金流分析、现金远期合约、债务减少、生产多样化、农场资源风险降低、农场财务基准、节约活动和其他风险管理策略。

（B）资助的基础。本款规定的资助应以业绩为依据，并接受同行评审或绩效评价。

（C）责任期限。本款下部长拨付资金的责任期限为2年。

（D）行政费用。部长可将不超过本款资助资金的4%用于执行本款所产生的行政费用。

（3）技术要求。在执行第（2）款制定的项目时，部长应特别强调农场生存能力和风险管理战略（包括农场财务基准、商业规划和技术援助、市场评估、转让和传承规划及农作物保险参与）、教育并特别针对：

（A）初级农牧场主。

（B）试图成为美国成熟生产者的合法移民农牧场主。

（C）社会弱势农牧场主。

（D）符合下列条件的农牧场主：

（i）准备退休的农牧场主；

（ii）正在使用过渡策略帮助新农牧场主开始工作；

（iii）正在转换生产和销售系统以追求新市场；及

（E）联邦农作物保险公司根据本法确定的联邦农作物保险计划服务不足的生产者。及

（F）经验丰富的农牧场主。

（4）资金。从第516（c）小节设立的保险基金中，为第（2）款设立的风险管理教育项目的合作伙伴计划拨款，在2019财年及之后的每个财政年度支出1 000万美元，其中用于执行第（3）（E）项的资金不应少于500万美元。

（b）农业管理援助

（1）授权。部长应向康涅狄格州、特拉华州、夏威夷、马里兰州、马萨诸塞州、缅因州、内华达州、新罕布什尔州、纽约州、宾夕法尼亚州、罗得岛州、犹他州、佛蒙特州、西弗吉尼亚州和怀俄明州的生产者提供财政援助。

（2）用途。生产者可将根据本款提供的财政援助用于：

（A）建造或改善流域管理结构或灌溉结构；

（B）种植树木，形成防风林或改善水质；

（C）通过生产或销售多样化或节约资源做法减轻财务风险，包括土壤侵蚀控制、综合害虫管理、有机农业、制定和实施

为生产者创造营销机会的计划，包括通过增值加工；

（D）以旨在降低产量、价格或收入风险的方式签订期货、套期保值或期权合同；

（E）将农业交易期权作为套期保值交易，以降低产量、价格或收入风险；或

（F）开展由部长确定的与（A）至（E）项所述活动相关的任何其他活动。

（3）付款限制。本小节下任何年度支付给个人的款项总额（根据《食品安全法》第1001（5）小节的定义）（在《2008年食品、保护和能源法》第1703（a）小节修订之前）不得超过5万美元。

（4）商品信贷公司。

（A）通则。部长应通过商品信贷公司执行本小节。

（B）资金。

（i）通则。除第（ii）项规定外，商品信贷公司应在每个财政年度为执行本小节提供不少于1 000万美元的资金。

（ii）某些财政年度的例外。在2008至2014的每个财政年度，商品信贷公司提供1 500万美元执行本小节。

（C）特定用途。在财政年度实施本小节的金额中，商品信贷公司应使用不少于：

（i）50%通过自然资源保护局执行第（2）款的（A）（B）和（C）项；

（ii）10%通过农业营销服务提供有机认证成本分担援助；

（iii）40%通过风险管理局开展第（2）款第（F）项的活动。

B部分　补充农业灾害援助

531节　补充农业灾害援助

(a) 本节中的定义

(1) 实际生产历史产量。"实际生产历史产量"指每种可保商品或非保险商品的加权平均产量，分别根据A部分或非保险作物灾害援助计划计算。

(2) 农场的实际产量。"农场的实际产量"是指根据(b)(6)(B)项确定的农场生产的所有农作物价值的总和。

(3) 调整后的实际生产历史产量。"调整后的实际生产历史产量"是指：

(A) 如果符合条件的农场生产者，对某种可保商品至少拥有4年不是根据第508(g)(4)(B)项确定的实际生产历史产量，则符合条件的生产者的实际生产历史不考虑依据本法确定的任何产量；

(B) 如果符合条件的农场生产者，对某种可保商品拥有不到4年的实际生产历史产量，其中1种或更多种根据508(g)(4)(B)项建立，符合条件的生产者的实际生产历史计算不包括根据508(g)(4)(B)项建立的最低产量；

(C) 在所有其他情况下，符合条件的农场生产者的实际生产历史。

(4) 调整后的无保险农作物灾害援助计划产量。"调整后的无保险农作物灾害援助计划产量"是指：

(A) 如果符合条件的农场生产者，在无保险农作物灾害援助计划下至少有4年的生产历史，但不是替代产量，无保险农作物灾害援助计划的产量不考虑任何替代产量；

（B）如果符合条件的农场生产者，在无保险农作物灾害援助计划下拥有不到4年的生产历史，但不是替代产量，则无保险农作物灾害援助计划的产量计算不包括最低的替代产量；及

（C）在所有其他情况下，无保险农作物灾害援助计划下符合条件的农场生产者的生产历史。

（5）反周期计划支付产量。"反周期计划支付产量"指依据下列规定确定的加权平均支付产量：

（A）《2002年农场安全和农村投资法》第1102或1302节；

（B）《2008年食品、保护和能源法》第1102节或1301（6）小节；或

（C）后续部分。

（6）具有经济意义的农作物。"具有经济意义的农作物"应具有部长对第（b）（1）（B）项和（g）（6）款规定的统一含义。

（7）受灾县。

（A）通则。"受灾县"是指包括在符合条件的自然灾害声明所涵盖的地理区域内的县。

（B）"受灾县"包括：

（i）与（A）项所述县相邻的县；及

（ii）在日历年内农场实际产量低于农场正常产量50%的农场。

（8）符合条件的农场生产者。

（A）通则。"符合条件的农场生产者"是指第（B）项中描述的、由部长认定的、承担农作物或牲畜生产的产量风险和市场风险的个人或实体。

（B）说明：（A）项中提及的个人或实体为美国公民、居住的外国人、美国公民的合伙企业或根据州法律组织的公司、有限责任公司或其他农业组织结构。

（9）农场。

（A）通则。"农场"是指符合条件的农场生产者在所有县种植或

打算种植收获用以出售或在农场饲养牲畜（包括打算放牧的本地草地）的所有农作物面积的总和。

（B）水产养殖。就水产养殖而言，“农场”是指符合条件的农场生产者在所有县生产的打算出售的所有鱼类。

（C）蜂蜜。就蜂蜜而言，“农场”是指符合条件的农场生产者在所有县收获的、用以出售的所有蜜蜂和蜂箱。

（10）农场养殖的鱼。术语“农场养殖的鱼”是指在受控环境中繁殖和饲养的任何水生物种。

（11）可保商品。“可保商品”是指农场生产者有资格获得A部分下保险单和保险计划的农产品（不包括牲畜）。

（12）牲畜。“牲畜”包括牛（包括奶牛）、野牛、家禽、羊、猪、马和部长确定的其他牲畜。

（13）不可保商品。“不可保商品”是指符合条件的农场生产者有资格根据无保险作物援助计划获得援助的农作物。

（14）无保险作物援助计划。“无保险作物援助计划”是指根据《1996年联邦农业改进和改革法》第196节实施的项目。

（15）农场的正常产量。“农场的正常产量”是指根据（b）（6）（A）项确定的农场上所有农作物的预期收入总和。

（16）合格自然灾害声明。“合格自然灾害声明”是指部长根据《综合农业和农业发展法》第321（a）节宣布的自然灾害。

（17）社会弱势农牧场主。“社会弱势农牧场主”是《1990年食品、农业、保护和贸易法》第2501（e）节中规定的术语。

（18）州。“州”指一个州、哥伦比亚特区、波多黎各联邦以及其他美国领土或属地。

（19）信托基金。“信托基金”是指根据《1974年贸易法》第902节设立的农业救灾信托基金。

（20）美国。“美国”在地理意义上使用时是指整个美国。

（b）补充收入援助支付

（1）付款。

（A）通则。对于在农事年遭遇农作物产量损失、质量损失或两者都有的受灾县的符合条件的农场生产者，部长应启用必要的信托基金进行农作物灾害援助。

（B）农作物损失。由于灾害、恶劣天气或灾害相关条件，使农场上至少一种有经济意义的农作物实际产量减少10%以上，才有资格获得本小节规定的农作物损失援助。

（2）金额。

（A）通则。除第（B）项另有规定外，部长应根据本款向符合条件的农场生产者提供农作物灾害援助款项，金额为下列两者之间差额的60%：

（i）第（3）款所述灾害援助计划担保；及

（ii）第（4）款所述的农场收入总额。

（B）限制。根据第（A）(i）项计算的对农场作物灾害援助计划支付的金额，不得超过第（5）款规定的农场上每种作物的预期收入总额的90%。

（C）扣除后续种植的作物。在计算第（3）款下的灾害援助计划担保和第（4）款下的农业收入总额时，部长不考虑以下作物的价值：

（i）在不符合A部分保单或保险计划条件或无保险作物援助计划条件的土地上生产的；或

（ii）随后在与根据本小节提供灾害援助的农作物在同一作物年、同一土地上种植的，但部长确定的复合种植是正常做法的地区除外。

（3）补充收入援助计划担保。

（A）通则。除本款另有规定外，补充收入援助计划担保应为以下项目的总和：

（i）对于农场上每一种可保商品，115%乘以下列三项乘积：

（Ⅰ）商品的付款率等于符合条件的生产者选择的商品价格选项；

（Ⅱ）商品的支付面积等于种植或禁止种植的土地亩数；及

（Ⅲ）商品的支付产量等于农作物保险产量的比例，由生产者从下列两者中选择较高者：（aa）调整后的实际生产历史产量；或（bb）每种作物的反周期计划支付产量。

（ii）对于农场上每一种不可保商品，120%乘以下列三项乘积：

（Ⅰ）商品的付款率等于未保险作物援助计划确定价格的100%；

（Ⅱ）商品的支付面积等于种植或禁止种植的英亩数；及

（Ⅲ）商品的付款产量等于下列两者中较高者的50%：（aa）调整后的无保险作物援助计划的产量；或（bb）每一种作物反周期计划的支付产量。

（B）调整保险担保。尽管有第（A）项规定，对于某种可保商品，如果有保险计划对其调整担保，如未种植的农作物等，调整后的保险担保应作为确定被保险商品救灾计划担保的依据。

（C）调整后的援助水平。尽管有（A）项规定，对于不可保商品，如果无保险作物援助计划调整了援助水平，如未收获的农作物，调整后的援助水平应作为确定不可保险商品的灾害援助计划担保的基础。

（D）对基于非产量保险单的公平待遇。部长应对以非产量为基础的保险单和保险计划建立公平待遇，如调整后的总收入精简保险计划。

（4）农场收入。

（A）通则。就本小节而言，农场总收入应等于下列几项加总：

（i）农场生产的每种农作物估计实际价值为下列两者的乘积：

（Ⅰ）以A部分或无保险作物援助计划下确定损失的农场实际农作物产量；及

（Ⅱ）根据（B）和（C）项规定，在可行范围内，由部长确定的上市年的全国平均市场价格。

（ii）根据《2008年食品、保护和能源法》第1103节和1303

节或后续条款对生产者支付的直接支付金额的15%。

（iii）根据《2008年食品、保护和能源法》第1104节和1304节或后续条款向生产者支付的反周期支付总额或根据第1105条款对生产者支付的平均农作物收入选项。

（iv）根据《2008年食品、保护和能源法》的B编和C编或后续部分向生产者支付的贷款差额支付、营销贷款收益和营销证书收益的总额。

（v）在农场上禁止种植的付款数额。

（vi）符合条件的生产者获得的每种农作物的农作物保险赔偿金额。

（vii）农场获得的无保险作物援助计划下的金额。

（viii）联邦政府向符合条件的农场生产者提供的其他自然灾害援助的价值，这与符合条件的生产者寻求援助的损失金额相同。

（B）调整。部长应调整符合条件的农场生产者收到的平均市场价格：

（i）农场服务局州办公室每年对农作物或机械收割饲料决定一次由于恶劣天气导致的产品内在品质下降引起的当地或地区市场价格的平均质量折扣；

（ii）说明由于区域条件导致的水分过多而降低的农作物价值；及

（iii）由部长决定，以符合A部分下农作物保险计划和无保险作物援助计划一致的方式反映区域变化。

（C）某些农作物的最高数额。对于符合条件的农场生产者，根据未保险作物援助计划获得援助的作物，上市年收到的全国平均市场价格，不超过无保险作物援助计划所确定农作物价格的100%。

（5）预期收入。

农场上每一种农作物的预期收入应等于：

（A）对每一种可保商品，为下列三项的乘积：

（i）符合条件的农场生产者调整后的实际生产历史产量和反

周期计划支付产量中的较大者；

（ii）每种农作物种植或禁止种植的面积；及

（iii）如果触发了赔偿，用于计算适用保险单赔偿金的商品价格选项的100%。

（B）对每一种不可保农作物，为下列三项的乘积：

（i）调整后的未保险作物援助计划产量的100%；

（ii）每种农作物种植或无法种植的面积；及

（iii）农场每种农作物的无保险作物援助计划价格的100%。

（6）农场的产量。

（A）农场的正常产量。农场的正常产量应等于根据第（5）款确定的农场上每种农作物的预期收入的总和。

（B）农场的实际产量。农场的实际产量应等于下列两项之和：

（i）对于农场上的每种可保商品，应为下列两项的乘积：（Ⅰ）赔偿触发时用于计算适用保险单赔款的商品价格选项的100%；及（Ⅱ）农场生产的商品数量。

（ii）对于农场上的每种不可保商品，应为下列两项的乘积：（Ⅰ）无保险作物援助计划确定价格的100%；及（Ⅱ）根据质量损失调整的、在农场上生产的商品数量。

（c）牲畜赔偿金

（1）付款。部长应在自然年度内，向由于飓风、洪水、暴风雪、疾病、野火、高温和极寒等恶劣天气造成的牲畜死亡损失超过正常死亡率的农场进行赔偿付款。

（2）付款比率。根据第（1）款向符合条件的农场生产者支付赔偿金，须按部长确定的有关牲畜在死亡日前一天适用的牲畜市场价值75%的比率支付。

（3）拨款的授权。授权在2012和2013财政年度，每年拨款8 000万美元用以执行本小节。

（d）牲畜饲料灾害计划

（1）本小节中的定义。

（A）保险牲畜。

（i）通则。除第（ii）项规定外，“保险牲畜”是指部长确定的符合条件的干旱或火灾开始日期前60天，符合条件的牲畜生产者：（Ⅰ）拥有；（Ⅱ）已租赁；（Ⅲ）购买；（Ⅳ）签订购买合同；（Ⅴ）为合同种植者；或（Ⅵ）因合格干旱出售或以其他方式处理：（aa）在当前生产年；或（bb）根据第（3）（B）（ii）项，当前生产年度之前的1个或2个生产年度。

（ii）排除。“保险牲畜”不包括在符合条件的干旱或火灾开始之日曾经或将会在饲养场的牲畜，这是符合条件的牲畜生产者正常经营的一部分，具体由部长确定。

（B）干旱监测。“干旱监测”是指部长定义的、对干旱严重程度从普通干旱到异常干旱进行分类的系统。

（C）符合条件的牲畜生产者。

（i）通则。“符合条件的牲畜生产者”是指：（Ⅰ）为保险牲畜提供牧场的所有者、现金或股份承租人或合同养殖户，包括现金租赁牧场；（Ⅱ）为保险牲畜提供牧场，包括现金租赁牧场或位于受干旱影响的县的牧场；（Ⅲ）证明放牧损失；及（Ⅳ）符合本小节规定的所有其他资格要求。

（ii）例外。“符合条件的牲畜生产者”不包括以收益率递增基础租赁其他人农牧场的牲畜的所有者、现金或股份承租人或合同养殖户。

（D）正常承载能力。术语“正常承载能力”指一个县的每种牧场或草场，在根据第（3）（D）（i）项确定的正常放牧期间，在没有干旱或火灾减少牧场产量的情况下的正常承载能力。

（E）正常放牧期。就一个县而言，“正常放牧期”是指根据第（3）（D）（i）项确定的一个县日历年度内的正常放牧期。

（2）计划。部长应向符合条件的牲畜生产者补偿因下列原因造成的保险牲畜损失：（A）第（3）款所述的干旱情况；或（B）第4款所述的火灾。

（3）因干旱条件造成损失的援助。

（A）符合条件的损失。符合条件的牲畜生产者只能就以下土地上被保险牲畜的放牧损失获得本小节规定的援助：（i）具有永久植被覆盖的原生或改良牧场；或（ii）专门为保险牲畜提供饲料而种植作物的损失。

（B）每月付款率。

（i）通则。除第（ii）项规定外，在干旱情况下，本项下一个月的援助支付率应等于以下两项中较少者的60%：（Ⅰ）根据第（C）项确定的符合条件的牲畜生产者拥有或租用的所有保险牲畜的每月饲料成本；或（Ⅱ）使用符合条件的牲畜生产者在符合条件的牧场正常承载能力下计算的每月饲料成本。

（ii）部分补偿。如果符合条件的牲畜生产者，在当前生产年度的前1–2个生产年度因干旱条件出售或处置保险牲畜，支付率应为依据第（i）项所计算支付率的80%。

（C）每月饲料成本。

（i）通则。每月饲料成本应等于下列三项的乘积：（Ⅰ）30天；（Ⅱ）根据（ii）项确定的饲料谷物当量的付款数量；及（Ⅲ）根据（iii）项确定的每磅玉米价格的支付率。

（ii）饲料谷物当量。根据第（i）（Ⅰ）项，饲料谷物当量应等于：（Ⅰ）对于成年肉牛，每天15.7磅玉米；（Ⅱ）对于任何其他种类牲畜的重量，为每天喂养牲畜所需玉米的平均磅数，具体由部长确定。

（iii）每磅玉米价格。根据（i）（Ⅱ）项，每磅玉米价格应等于以下两者相除得到的商：（Ⅰ）以下两者中的较高者：（aa）计算灾害援助年度3月1日前12个月期间的全国平均每蒲式耳玉米价格；或（bb）3月1日前24个月期间全国平均每蒲式耳玉米价格；除以（Ⅱ）56。

（D）正常放牧期和干旱监测强度。

（i）农场服务局县委员会的决定。

(Ⅰ) 通则。部长应确定委员会所服务的县每种类型牧场的正常承载能力和正常放牧期。

(Ⅱ) 变化。除非有关州和县农场服务局委员会提出要求，否则不得改变根据第（Ⅰ）款规定的县正常承载能力或正常放牧期。

(ii) 干旱强度。

(Ⅰ) D2。拥有或租赁某县牧场的符合条件的牲畜生产者，如果该县在部长确定的正常放牧期间，至少连续8周被美国干旱监测员评为D2干旱级别（严重干旱），应有资格获得本款规定的1个月付款援助，援助金额根据（B）项确定的月付款率计算。

(Ⅱ) D3。拥有或租赁某县牧场的符合条件的牲畜生产者，如果该县在部长确定的正常放牧期间，被美国干旱监测员评为至少D3干旱级别（极端干旱），则有资格获得本款的援助：（aa）根据（B）项确定的月支付率获得2个月付款援助；或（bb）如果在该县正常放牧期间，该县任何地区至少被评为D3（极端干旱）强度，或者在正常放牧期间，该县任何地区随时被评为D4（异常干旱）强度，使用根据第（B）款确定的月付款率获得3个月付款援助。

（4）对公共管理土地上因火灾遭受损失的援助

（A）通则。符合条件的牲畜生产者只有在以下情况下才能本款下的援助：（i）放牧损失发生在联邦机构管理的牧场上；及（ii）联邦机构禁止符合条件的牲畜生产者在火灾管控的牧场上放牧正常允许的牲畜。

（B）支付率。本款规定的援助支付率，应等于根据第（3）（C）项所确定的联邦合同所承保的合格牲畜生产者的全部牲畜每月饲料成本的50%。

（C）付款期限。

（i）通则。根据第（ii）项规定，符合条件的牲畜生产者在下列期间有资格获得本款规定的援助：（Ⅰ）从联邦机构不允许符合条件的牲畜生产者使用管控牧场放牧之日开始；及（Ⅱ）在符合条件的牲畜生产者联邦合同的最后一天结束。（ii）限制。符合条件的牲畜生产者只能就每年不超过180天的损失获得本款规定的援助。

（5）最低风险管理采购要求。

（A）一般规定。除本段另有规定外，牲畜生产者只有在以下情况下才有资格根据本款获得援助：（i）对造成损失请求援助的牧场购买了A部分规定的牧场损失保险单或保险计划；或（ii）对造成损失请求援助的牧场申请无保险作物援助计划，提交所需的文件，并在适用的国家备案截止日期前支付管理费用。

（B）对社会弱势群体、资源有限或初级农牧场主的豁免。如果符合条件的牲畜生产者是部长所确定的社会弱势群体、资源有限或初级农牧场主，部长应：（i）豁免（A）项要求；（ii）根据本款按照部长认为公平和适当的水平提供灾害援助。

（C）2008日历年的豁免。如符合条件的牲畜生产者在2008年日历年在牧场上遭受损失，但不符合第（A）项的要求，如果符合条件的牲畜生产者在本法颁布日期后90天内向部长支付金额等于适用的无保险作物援助计划费或第（A）项要求的巨灾风险保险的费用，则部长应豁免第（A）项。

（D）公平的救济。（i）通则。如果符合条件的牲畜生产者在其他方面不符合条件或非故意不符合（A）项关于遭受损失的牧场的要求，部长则可根据实际情况逐案提供公平的救济。（ii）2008 日历年。如合格的牲畜生产者在2008日历年牧场遭受损失，但由于在本法A部分和无保险作物援助计划下的农作物保险销售期结束日期后颁布了本法，从而未能满足第（A）项的要求，部长须特别考虑给与公平救济。

（6）无重复付款。（A）一般规定。符合条件的牲畜生产者可选择接受第（3）款因干旱条件或第（4）款因火灾造成的援助，但不能同时接受由部长确定的同一损失的两种援助。（B）与补充收入援助的关系。根据本款获得援助的合格牲畜生产者，也不得根据第（b）款就同一预期用途、同一土地上的作物损失获得援助。

（7）拨款的授权。授权在2012和2013每个财政年度拨款4亿美元执行本款。

（e）对牲畜、蜂蜜和农场饲养的鱼类提供紧急援助

（1）一般规定。部长应向符合条件的牲畜、蜜蜂和养殖鱼类的生产者提供紧急救济，以帮助减少因疾病、恶劣天气或由部长确定的不属于第（b）（c）或（d）小节承保的其他风险，如暴风雪和野火。

（2）资金的使用。根据本小节提供的资金应用于减少因饲料或水短缺、疾病或由部长确定的其他因素造成的损失。

（3）资金的可用性。根据本小节提供的资金，应在支出前一直保持可用状态。

（4）拨款授权。授权在2012和2013每个财政年度中拨款5000万美元执行本小节。

（f）树木援助计划

（1）本小节中的定义。

（A）符合条件的果园商。“符合条件的果园商”指因商业目的每年种植树木的人。

（B）自然灾害。“自然灾害”是指植物疾病、昆虫感染、干旱、火灾、冻结、洪水、地震、闪电，或由部长确定的其他事件。

（C）苗圃树种植者。“苗圃树种植者”是指由部长确定的、出于商业销售而生产苗圃、观赏品、水果、坚果或圣诞树的人。

（D）树。“树”包括树、灌木和藤本树。

（2）资格。

（A）损失。除第（B）项另有规定外，部长应为下列人员提供援助：（i）根据第（3）段，向由部长决定的、为商业目的种

植树木但因自然灾害而失去树木的合格的果园商和苗圃树种植者；及（ii）根据第（3）（B）款，符合条件的果园商和苗圃树种植者有种植现有树木的商业生产历史，但因自然灾害失去树木。

（B）限制。只有当符合条件的果园商或苗圃树种植者因恶劣天气或相关条件而造成的树木死亡率超过15%（根据正常死亡率调整）时，符合条件的果园商或苗圃树种植者才有资格获得第（A）项规定的援助。

（3）援助。除第（4）款另有规定外，部长向符合条件的果园商或苗圃树种植者提供第（2）款所述损失提供援助，包括：（A）（i）补偿因自然灾害造成的树木损失的费用超过15%（根据正常死亡率调整）；（ii）由部长确定用足够的幼苗重建林分；及（B）对符合条件的果园商或苗圃树种植者因自然灾害造成的破坏或树木死亡超过15%（根据正常树木损害和死亡调整）时，报销50%的剪枝、移除和其他抢救树木的成本，或在树木死亡的情况下准备土地重新种植树木的成本。

（4）援助的限制。

（A）法人实体和个人的定义。在本款中，"法人实体"和"个人"的含义与《1985年食品安全法》第1001（a）小节条中的含义相同（经《2008年食品、保护和能源法》第1603小节修订）。

（B）金额。任何个人或法人实体（不包括合资企业或普通合伙企业）根据本小节直接或间接收到的付款总额不得超过10万美元，也不得超过幼苗的同等价值。

（C）面积。个人或法人实体根据本小节获得付款的树木或树苗的总亩数不得超过500英亩。

（5）拨款的授权。

授权在2012和2013财政年度拨款2000万美元执行本小节。

（g）风险管理采购要求

（1）通则。除非本节另有规定，有下列情况的农场生产者不能获得本节［（c）和（d）小节除外］规定的援助：

（A）对于符合条件的生产者在农场上的每种可保险商品，不包括牧场，未获得本法A部分规定的保险单或保险计划（不包括该编的农作物保险试点项目）；

（B）对符合条件的生产者在农场上的每种不可保险商品，没有提交所需的文件并在国家申请截止日期前支付未保险作物援助计划的管理费。

（2）最低要求。为了被认定获得第（1）（A）款所述保险，符合条件的农场生产者应获得一份保险单或保险计划，为整个农场种植或拟种植的每种作物提供50%的产量和55%可保价格的保障。

（3）对社会弱势群体、有限资源或初级农牧场主的豁免。对于符合条件的社会弱势农牧场主或有限资源生产者，部长可：（A）豁免第（1）款；及（B）按照部长认为公平和适当的水平提供灾害援助。

（4）豁免特定农事年。

（A）2008农事年。如果符合条件的生产者在2008农事年因可保商品或不可保商品遭受损失，但不符合第（1）款的要求，如果符合条件的生产者在本法颁布日期后90天内向部长支付相当于适用的无保险作物援助计划费用或巨灾风险保险费用，部长应豁免第（1）款。

（B）2009 年农事年。如果2009年农事年的可保险商品或不可保险商品不符合第（1）款的要求，而相关农作物保险计划销售截止日期或无保险作物援助计划费用支付日期在2008年8月14日之前，如果可保商品或不可保商品的符合条件的生产者，在第（1）款颁布后90天内向部长支付的金额相当于适用无保险作物援助计划费用或巨灾风险保险费用，则部长应豁免第（1）款。

（5）公平的救济。

（A）通则。对于农场上一种或一种以上的农作物不符合或者非故意不满足第（1）款要求的符合条件的生产者，部长可以根据实际情况逐案提供公平救济。

（B）2008年。符合条件的生产者，其农场上的可保商品或不可保商品如果在2008农事年遭受损失，但由于在本法A部分所涉农作物保险和无保险作物援助计划的销售期结束后才颁布了本法，导致生产者未能满足第（1）段要求，部长应特别考虑提供公平救济。

（6）最低限度的例外。

（A）通则。为了第（b）款规定的援助，基于符合条件的生产者的选择，部长应豁免第（1）款规定：（i）由部长确定符合条件的生产者农场总面积的一部分，对该农场不具有经济意义；（ii）购买无保险农作物灾害援助计划所需管理费用超过该保险价值10%的作物。

（B）面积的处理。部长在计算根据第（b）（3）款提供的补充收入援助计划担保和第（b）（4）款规定的农场总收入时，不得考虑根据第（A）款豁免的任何作物的价值。

（7）2008年过渡援助。

（A）通则。第（4）（a）项所述的符合条件的农场生产者如未能及时支付该项所述的适当费用，该符合条件的生产者如果满足下列条件，就有资格根据本节（B）项获得援助：（i）在本款颁布之日起90天内支付第（4）（A）款所述的适当费用；及（ii）对于除牧场外符合条件的农场生产者的每一种可保商品，同意根据A部分（不包括农作物保险试点项目）获得下一个保险年度的保险单和保险计划，该保险单和保险计划的保障水平等于70%以上的记录或评估平均产量、按预期市场价格的100%赔偿或同等保障水平；和（Ⅱ）对于符合条件的农场生产者的每种不可保险商品，同意提交所需的文件，并在适用的国家申请截止日期前为明年的无保险作物援助计划支付管理费用。

（B）援助的金额。符合第（A）项要求的、符合条件的农场生产者有资格获得本节规定的援助，如果：（i）对于符合条件的农场生产者的每种保险商品，已获得2008年农事年的保险单或保险计划，保障水平不超过70%的记录或评估平

均产量、按预期市场价格的100%赔偿或同等保障水平；及

（ii）对于符合条件的农场生产者的每一种不可保险商品，已提交了所需文件，并在适用的国家申请截止日期前支付了2008农事年的管理费，在确定保障水平时，部长应使用适用产量的70%。

（C）公平救济。除（D）款规定外，在（4）（A）项所述的最后期限前符合第（1）款要求的符合条件的农场生产者，在2008年有资格根据本节获得的灾害援助款项为以下两者中的较大者：

（i）如果符合条件的农场生产者根据该项支付了适当费用，则根据（B）项计算的金额；或

（ii）在以下情况下，根据（b）（3）（A）项计算的金额：

（Ⅰ）在该项第（i）项中用“120%”代替“115%”；及

（Ⅱ）在该项第（ii）项中用“125”代替“120%”。

（D）限制。对于根据本款提供的款项，部长可作出必要的调整，以确保生产者根据本款收到的款项，不超过处境相似的生产者在本款颁布日期之前购买相同或更高水平农作物保险所获得的援助。

（E）部长的权力。部长可提供其认为适当的额外援助，为在2008年农事年遭受产量损失而导致多年产量损失的农场提供公平处理。

（F）缺乏途径。尽管本条另有其他规定，部长可根据本节向下列生产者提供援助（包括多年援助）：（i）2008年因自然原因遭受产量损失或多年产量损失；及（ii）由部长决定下列情况：（Ⅰ）（aa）除（bb）项规定外，无法获得A部分下的保险单或保险计划；或（bb）因为部长确定的农业生产者的耕作方法与美国其他地区同一作物生产者的耕作方法有显著差异，从而没有资格获得书面协议；及（Ⅱ）没有资格参加《1996年联邦农业改进和改革法》第196节建立的无保险农作物灾害援助计划。

（h）付款限制

（1）法人实体和个人的定义。在本款中，“法人实体”和“个人”的含义与《1985年食品安全法》第1001（a）节（经年《2008食品、保护和能源法》第1603节修订）相同。

（2）金额。个人或法人实体（不包括合资企业或普通合伙企业）根据本节直接或间接获得的救灾援助款项总额（不包括（f）款收到的款项）不得超过10万美元。

（3）AGI限制。《1985年食品安全法》第1001D小节或任何后续条款应适用于根据本节提供的援助。

（4）直接归属。《1985年食品安全法》第1001节第（e）和（f）小节或任何有关直接归属的后续条款应适用于根据本节提供的援助。

（5）过渡规则。《1985年食品安全法》第1001、1001A、1001B和1001D节，自2007年9月30日起生效，继续适用于2008年的作物。

（i）有效期

本节只对2011年9月30日或之前因发生的灾难、恶劣天气或其他环境状况造成的损失，或由2013年9月30日第（c）至（f）小节确定的损失有效。

（j）没有重复付款

在实施其他支付灾害援助款项的计划时（除根据《1996年联邦农业改进和改革法》A部分和第196条支付的赔偿除外），部长应防止对某人根据第（b）（c）（d）（e）或（f）小节获得付款的同一损失进行重复付款。

（k）应用

（1）通则。根据第（2）款规定，尽管有A部分规定，A部分不适用于本部分。

（2）交叉引用。第（1）款不适用于本法对A部分条款的具体引用。

附1：

Subtitle A—Federal Crop Insurance Act

SEC. 501. [7 U.S.C. 1501] SHORT TITLE AND APPLICATION OF OTHER PROVISIONS.

This subtitle may be cited as the"Federal Crop Insurance Act". Except as otherwise expressly provided the provisions in titles I to IV, inclusive, shall not apply with respect to this subtitle, and the term"Act"wherever it appears in such titles shall not be construed to include this subtitle.

SEC. 502. [7 U.S.C. 1502] PURPOSE AND DEFINITIONS.

(a) PURPOSE.—It is the purpose of this subtitle to promote the national welfare by improving the economic stability of agriculture through a sound system of crop insurance and providing the means for the research and experience helpful in devising and establishing such insurance.

(b) DEFINITIONS .—As used in this subtitle:

(1) ADDITIONAL COVERAGE.—The term "additional coverage" means a plan of crop insurance coverage providing a level of coverage greater than the level available under catastrophic risk protection.

(2) APPROVED INSURANCE PROVIDER.—The term "approved insurance provider" means a private insurance provider that has been approved by the Corporation to provide insurance coverage to producers participating in the Federal crop insurance program established under this subtitle.

(3) BEGINNING FARMER OR RANCHER.—The term "beginning farmer or rancher" means a farmer or rancher who has not actively operated and managed a farm or ranch with a bona fide insurable interest in a crop or livestock as an owner-operator, landlord, tenant, or sharecropper for more than 5 crop years, as determined by the Secretary.

(4) BOARD.—The term "Board"means the Board of Directors of the Corporation established under section 505(a).

(5) CORPORATION.—The term "Corporation" means the Federal Crop Insurance Corporation established under section 503.

(6) COVER CROP TERMINATION.—The term "cover crop termination" means a practice that historically and under reasonable circumstances

results in the termination of the growth of a cover crop.

(7) DEPARTMENT.—The term "Department" means the United States Department of Agriculture.

(8) FARM FINANCIAL BENCHMARKING.—The term "farm financial benchmarking" means—

(A) the process of comparing the performance of an agricultural enterprise against the performance of other similar enterprises, through the use of comparable and reliable data, in order to identify business management strengths, weaknesses, and steps necessary to improve management performance and business profitability; and

(B) benchmarking of the type conducted by farm management and producer associations consistent with the activities described in or funded pursuant to section 1672D of the Food, Agriculture, Conservation, and Trade Act of 1990 (7 U.S.C. 5925f).

(9) HEMP.—The term"hemp"has the meaning given the term in section 297A of the Agricultural Marketing Act of 1946.

(10) LOSS RATIO.—The term"loss ratio"means the ratio of all sums paid by the Corporation as indemnities under any eligible crop insurance policy to that portion of the premium designated for anticipated losses and a reasonable reserve, other than that portion of the premium designated for operating and administrative expenses.

(11) ORGANIC CROP.—The term "organic crop" means an agricultural commodity that is organically produced consistent with section 2103 of the Organic Foods Production Act of 1990 (7 U.S.C. 6502).

(12) SECRETARY.—The term "Secretary" means the Secretary of Agriculture.

(13) TRANSITIONAL YIELD.—The term "transitional yield" means the maximum average production per acre or equivalent measure that is assigned to acreage for a crop year by the Corporation in accordance with the regulations of the Corporation whenever the producer fails—

(A) to certify that acceptable documentation of production and acreage for the crop year is in the possession of the producer; or

(B) to present the acceptable documentation on the demand of the Corporation or an insurance company reinsured by the Corporation.

(14) VETERAN FARMER OR RANCHER.—The term "veteran farmer or rancher" means a farmer or rancher who—

(A) has served in the Armed Forces (as defined in section 101 of title 38, United States Code); and

(B) (i) has not operated a farm or ranch;

(ii) has operated a farm or ranch for not more than 5 years; or

(iii) is a veteran (as defined in section 101 of that title) who has first obtained status as a veteran (as so defined) during the most recent 5-year period.

(c) PROTECTION OF CONFIDENTIAL INFORMATION .—

(1) GENERAL PROHIBITION AGAINST DISCLOSURE.—Except as provided in paragraph (2), the Secretary, any other officer or employee of the Department or an agency thereof, an approved insurance provider and its employees and contractors, and any other person may not disclose to the public information furnished by a producer under this subtitle.

(2) AUTHORIZED DISCLOSURE.—

(A) DISCLOSURE IN STATISTICAL OR AGGREGATE FORM.—Information described in paragraph (1) may be disclosed to the public if the information has been transformed into a statistical or aggregate form that does not allow the identification of the person who supplied particular information.

(B) CONSENT OF PRODUCER.—A producer may consent to the disclosure of information described in paragraph (1). The participation of the producer in, and the receipt of any benefit by the producer under, this subtitle or any other program administered by the Secretary may not be conditioned on the producer providing consent under this paragraph.

(3) VIOLATIONS; PENALTIES.—Section 1770(c) of the Food Security Act of 1985 (7 U.S.C. 2276(c)) shall apply with respect to the release of information collected in any manner or for any purpose prohibited by this subsection.

(4) INFORMATION.—

(A) REQUEST.—Subject to subparagraph (B), the Farm Service Agency shall, in a timely manner, provide to an agent or an approved insurance provider authorized by the producer any information (including Farm Service Agency Form 578s (or any successor form)) or maps (or any corrections to those forms or maps) that may assist the agent or approved insurance provider in insuring the producer under a policy or plan of insurance under this subtitle.

(B) PRIVACY.—Except as provided in subparagraph (C), an agent or approved insurance provider that receives the information of a producer pursuant to subparagraph (A) shall treat the information in accordance with paragraph (1).

(C) SHARING.—Nothing in this section prohibits the sharing of the information of a producer pursuant to subparagraph (A) between the agent and the approved insurance provider of the producer.

(d) RELATION TO OTHER LAWS.—

(1) TERMS AND CONDITIONS OF POLICIES AND PLANS.—The terms

and conditions of any policy or plan of insurance offered under this subtitle that is reinsured by the Corporation shall not—

(A) be subject to the jurisdiction of the Commodity Futures Trading Commission or the Securities and Exchange Commission; or

(B) be considered to be accounts, agreements (including any transaction that is of the character of, or is commonly known to the trade as, an“option”, “privilege”,“indemnity”,“bid”,“offer”,“put”,“call”, “advance guaranty”, or “decline guaranty”), or transactions involving contracts of sale of a commodity for future delivery, traded or executed on a contract market for the purposes of the Commodity Exchange Act (7 U.S.C. 1 et seq.).

(2) EFFECT ON CFTC AND COMMODITY EXCHANGE ACT.— Nothing in this subtitle affects the jurisdiction of the Commodity Futures Trading Commission or the applicability of the Commodity Exchange Act (7U. S.C. 1 et seq.) to any transaction conducted on a contract market under that Act by an approved insurance provider to offset the approved insurance provider’s risk under a plan or policy of insurance under this subtitle.

CREATION OF FEDERAL CROP INSURANCE CORPORATION

SEC. 503. [7 U.S.C. 1503] To carry out the purposes of this subtitle, there is hereby created as an agency of and within the Department a body corporate with the name “Federal Crop Insurance Corporation”. The principal office of the Corporation shall be located in the District of Columbia, but there may be established agencies or branch offices elsewhere in the United States under rules and regulations prescribed by the Board.

CAPITAL STOCK

SEC. 504. [7 U.S.C. 1504] (a) The Corporation shall have a capital stock of $500,000,000 subscribed by the United States of America, payment for which shall, with the approval of the Secretary, be subject to call in whole or in part by the Board.

(b) There is hereby authorized to be appropriated such sums as are necessary for the purpose of subscribing to the capital stock of the Corporation.

(c) Receipts for payments by the United States of America for or on account of such stock shall be issued by the Corporation to the Secretary of the Treasury and shall be evidence of the stock ownership by the United States of America.

(d) Within thirty days after the date of enactment of the Federal Crop Insurance Act of 1980, the Secretary of the Treasury shall cancel, without consideration, receipts for payments for or on account of the stock of the Corporation outstanding on such date of enactment and such receipts shall cease to be liabilities of the Corporation.

SEC. 505. [7 U.S.C. 1505] MANAGEMENT OF CORPORATION.

(a) BOARD OF DIRECTORS.—

(1) ESTABLISHMENT.—The management of the Corporation shall be vested in a Board of Directors subject to the general supervision of the Secretary.

(2) COMPOSITION.—The Board shall consist of only the following members:

(A) The manager of the Corporation, who shall serve as a nonvoting ex officio member.

(B) The Under Secretary of Agriculture responsible for the Federal crop insurance program.

(C) One additional Under Secretary of Agriculture (as designated by the Secretary).

(D) The Chief Economist of the Department of Agriculture.

(E) One person experienced in the crop insurance business.

(F) One person experienced in reinsurance or the regulation of insurance.

(G) Four active producers who are policy holders, are from different geographic areas of the United States, and represent a cross-section of agricultural commodities grown in the United States, including at least one specialty crop producer.

(3) APPOINTMENT OF PRIVATE SECTOR MEMBERS.—The members of the Board described in subparagraphs (E), (F), and (G) of paragraph (2)—

(A) shall be appointed by, and hold office at the pleasure of, the Secretary;

(B) shall not be otherwise employed by the Federal Government;

(C) shall be appointed to staggered 4-year terms, as determined by the Secretary; and

(D) shall serve not more than two consecutive terms.

(4) CHAIRPERSON.—The Board shall select a member of the Board to serve as Chairperson.

(b) Vacancies in the Board so long as there shall be four members in office shall not impair the powers of the Board to execute the functions of the Corporation, and four of the members in office shall constitute a quorum for the transaction of the business of the Board.

(c) The Directors of the Corporation who are employed in the Department shall receive no additional compensation for their services as such Directors, but may be allowed necessary traveling and subsistence expenses when engaged in business of the Corporation, outside of the District of Columbia. The Directors of the Corporation who are not employed by the Federal Government shall be paid such compensation for their services as Directors as the Secretary shall determine, but such compensation shall not exceed the daily equivalent of the rate prescribed for grade GS-18 under section 5332 of title 5 of the United States Code when actually employed, and actual necessary traveling and subsistence expenses, or a per diem allowance in lieu of subsistence expenses, as authorized by section 5703 of title 5 of the United States Code for persons in Government service employed intermittently, when on the business of the Corporation away from their homes or regular places of business.

(d) The manager of the Corporation shall be its chief executive officer, with such power and authority as may be conferred by the Board. The manager shall be appointed by, and hold office at the pleasure of, the Secretary.

(e) EXPERT REVIEW OF POLICIES, PLANS OF INSURANCE, AND RELATED MATERIAL.—

(1) REVIEW BY EXPERTS.—The Board shall establish procedures under which any policy or plan of insurance, as well as any related material or modification of such a policy or plan of insurance, to be offered under this subtitle shall be subject to independent reviews by persons experienced as actuaries and in underwriting, as determined by the Board.

(2) REVIEW OF CORPORATION POLICIES AND PLANS.—Except as provided in paragraph (3), the Board shall contract with at least five persons to each conduct a review of the policy or plan of insurance, of whom—

(A) not more than one person may be employed by the Federal Government; and

(B) at least one person must be designated by approved insurance providers pursuant to procedures determined by the Board.

(3) REVIEW OF PRIVATE SUBMISSIONS.—If the reviews under paragraph (1) cover a policy or plan of insurance, or any related material or modification of a policy or plan of insurance, submitted under section 508(h)—

(A) the Board shall contract with at least five persons to each conduct a review of the policy or plan of insurance, of whom—

(i) not more than one person may be employed by the Federal Government; and

(ii) none may be employed by an approved insurance provider.

(B) each review must be completed and submitted to the Board not later than 30 days prior to the end of the 120-day period described in section 508(h)(4)(D).

(4) CONSIDERATION OF REVIEWS.—The Board shall include reviews conducted under this subsection as part of the consideration of any policy or plan or insurance, or any related material or modification of a policy or

plan of insurance, proposed to be offered under this subtitle.

(5) FUNDING OF REVIEWS.—Each contract to conduct a review under this subsection shall be funded from amounts made available under section 516(b)(2)(A)(ii).

(6) RELATION TO OTHER AUTHORITY.—The contract authority provided in this subsection is in addition to any other contracting authority that may be exercised by the Board under section 506(l).

SEC. 506. [7 U.S.C. 1506] GENERAL POWERS.

(a) SUCCESSION.—The Corporation shall have succession in its corporate name.

(b) CORPORATE SEAL.—The Corporation may adopt, alter, and use a corporate seal, which shall be judicially noticed.

(c) PROPERTY.—The Corporation may purchase or lease and hold such real and personal property as it deems necessary or convenient in the transaction of its business and may dispose of such property held by it upon such terms as it deems appropriate.

(d) SUIT.—Subject to section 508(j) (2) (A), the Corporation, subject to the provisions of section 508(j), may sue and be sued in its corporate name, but no attachment, injunction, garnishment, or other similar process, mesne or final, shall be issued against the Corporation or its property. The district courts of the United States, including the district courts of the District of Columbia and of any territory or possession, shall have exclusive original jurisdiction, without regard to the amount in controversy, of all suits brought by or against the Corporation. The Corporation may intervene in any court in any suit, action, or proceeding in which it has an interest. Any suit against the Corporation shall be brought in the District of Columbia, or in the district wherein the plaintiff resides or is engaged in business.

(e) BYLAWS AND REGULATIONS.—The Corporation may adopt, amend, and repeal bylaws, rules, and regulations governing the manner in which its business may be conducted and the powers granted to it by law may be exercised and enjoyed.

(f) MAILS.—The Corporation shall be entitled to the use of the United States mails in the same manner as the other executive agencies of Government.

(g) ASSISTANCE.—The Corporation, with the consent of any board, commission, independent establishment, or executive department of the Government, including any field service thereof, may avail itself of the use of information, services, facilities, officials, and employees thereof in carrying out the provisions of this subtitle.

(h) COLLECTION AND SHARING OF INFORMATION .—

(1) SURVEYS AND INVESTIGATIONS.—The Corporation may conduct

surveys and investigations relating to crop insurance, agriculture-related risks and losses, and other issues related to carrying out this subtitle.

(2) DATA COLLECTION.—

(A) IN GENERAL.—The Corporation shall assemble data for the purpose of establishing sound actuarial bases for insurance on agricultural commodities.

(B) NATIONAL AGRICULTURAL STATISTICS SERVICE.— Data collected by the National Agricultural Statistics Service, whether published or unpublished, shall be—

(i) provided in an aggregate form to the Corporation for the purpose of providing insurance under this subtitle; and

(ii) kept confidential by the Corporation in the same manner and to the same extent as is required under—

(Ⅰ) section 1770 of the Food Security Act of 1985 (7 U.S.C. 2276); and

(Ⅱ) the Confidential Information Protection and Statistical Efficiency Act of 2002 (44 U.S.C. 3501 note; Public Law 107–347).

(C) NONINSURED CROP DISASTER ASSISTANCE PROGRAM.— In collecting data under this subsection, the Secretary shall ensure that—

(i) appropriate data are collected through the noninsured crop disaster assistance program established by section 196 of the Federal Agriculture Improvement and Reform Act of 1996 (7 U.S.C. 7333); and

(ii) not less frequently than annually, the Farm Service Agency shares, and the Corporation considers, the data described in clause (i).

(3) SHARING OF RECORDS.—Notwithstanding section 502(c), records submitted in accordance with this subtitle and section 196 of the Agricultural Market Transition Act (7 U.S.C. 7333) shall be available to agencies and local offices of the Department, appropriate State and Federal agencies and divisions, applicants who have received payment under section 522(b)(2)(E), and approved insurance providers for use in carrying out this subtitle, such section 196, and other agricultural programs.

(i) EXPENDITURES.—The Corporation shall determine the character and necessity for its expenditures under this subtitle and the manner in which they shall be incurred, allowed, and paid, without regard to the provisions of any other laws governing the expenditure of public funds and such determinations shall be final and conclusive upon all other officers of the Government.

(j) SETTLING CLAIMS.—The Corporation shall have the authority to make final and conclusive settlement and adjustment of any claim by or against the Corporation or a fiscal officer of the Corporation.

(k) OTHER POWERS.—The Corporation shall have such powers as may be necessary or appropriate for the exercise of the powers herein specifically conferred upon the Corporation and all such incidental powers as are customary in corporations generally.

(l) CONTRACTS.—The Corporation may enter into and carry out contracts or agreements, and issue regulations, necessary in the conduct of its business, as determined by the Board. State and local laws or rules shall not apply to contracts, agreements, or regulations of the Corporation or the parties thereto to the extent that such contracts, agreements, or regulations provide that such laws or rules shall not apply, or to the extent that such laws or rules are inconsistent with such contracts, agreements, or regulations.

(m) SUBMISSION OF CERTAIN INFORMATION.—

(1) SOCIAL SECURITY ACCOUNT AND EMPLOYER IDENTIFICATION NUMBERS.—The Corporation shall require, as a condition of eligibility for participation in the multiple peril crop insurance program, submission of social security account numbers, subject to the requirements of section 205(c)(2)(C)(iii) [①] of the Social Security Act, and employer identification numbers, subject to the requirements of section 6109(f) of the Internal Revenue Code of 1986.

(2) NOTIFICATION BY POLICYHOLDERS.—Each policyholder shall notify each individual or other entity that acquires or holds a substantial beneficial interest in such policyholder of the requirements and limitations under this subtitle.

(3) IDENTIFICATION OF HOLDERS OF SUBSTANTIAL INTERESTS.—The Manager of the Corporation may require each policyholder to provide to the Manager, at such times and in such manner as prescribed by the Manager, the name of each individual that holds or acquires a substantial beneficial interest in the policyholder.

(4) DEFINITION.—For purposes of this subsection, the term "substantial beneficial interest" means not less than 5 percent of all beneficial interests in the policyholder.

(n) ACTUARIAL SOUNDNESS.—

(1) PROJECTED LOSS RATIO AS OF OCTOBER 1, 1995.—The Corporation shall take such actions as are necessary to improve the actuarial soundness of Federal multiperil crop insurance coverage made

① Clause (iii) of section 205(c)(2)(C) of the Social Security Act (42 U.S.C. 405(c)(2)(C)) was redesignated as clause (iv) by section 321(a)(9) of Public Law 103–296 (108 Stat. 1536).

available under this subtitle to achieve, on and after October 1, 1995, an overall projected loss ratio of not greater than 1.1, including—

(A) instituting appropriate requirements for documentation of the actual production history of insured producers to establish recorded or appraised yields for Federal crop insurance coverage that more accurately reflect the associated actuarial risk, except that the Corporation may not carry out this paragraph in a manner that would prevent beginning farmers (as defined by the Secretary) from obtaining Federal crop insurance;

(B) establishing in counties, to the extent practicable, a crop insurance option based on area yields in a manner that allows an insured producer to qualify for an indemnity if a loss has occurred in a specified area in which the farm of the insured producer is located;

(C) establishing a database that contains the social security account and employee identification numbers of participating producers, agents, and loss adjusters and using the numbers to identify insured producers, agents, and loss adjusters who are high risk for actuarial purposes and insured producers who have not documented at least 4 years of production history, to assess the performance of insurance providers, and for other purposes permitted by law; and

(D) taking any other measures authorized by law to improve the actuarial soundness of the Federal crop insurance program while maintaining fairness and effective coverage for agricultural producers.

(2) PROJECTED LOSS RATIO.—The Corporation shall take such actions, including the establishment of adequate premiums, as are necessary to improve the actuarial soundness of Federal multiperil crop insurance made available under this subtitle to achieve an overall projected loss ratio of not greater than 1.0.

(3) NONSTANDARD CLASSIFICATION SYSTEM.—To the extent that the Corporation uses the nonstandard classification system, the Corporation shall apply the system to all insured producers in a fair and consistent manner.

(o) REGULATIONS.—The Secretary and the Corporation are each authorized to issue such regulations as are necessary to carry out this subtitle.

(p) PURCHASE OF AMERICAN-MADE EQUIPMENT AND PRODUCTS.—

(1) SENSE OF CONGRESS.—It is the sense of Congress that, to the greatest extent practicable, all equipment and products purchased by the Corporation using funds made available to the Corporation should be American-made.

(2) NOTICE REQUIREMENT.—In providing financial assistance to, or entering into any contract with, any entity for the purchase of equipment and products to carry out this subtitle, the Corporation, to the greatest

extent practicable, shall provide to the entity a notice describing the statement made in paragraph (1).

(r) PROCEDURES FOR RESPONDING TO CERTAIN INQUIRIES .—

(1) PROCEDURES REQUIRED.—The Corporation shall establish procedures under which the Corporation will provide a final agency determination in response to an inquiry regarding the interpretation by the Corporation of this subtitle or any regulation issued under this subtitle.

(2) IMPLEMENTATION.—Not later than 180 days after the date of enactment of this subsection, the Corporation shall issue regulations to implement this subsection. At a minimum, the regulations shall establish—

(A) the manner in which inquiries described in paragraph (1) are required to be submitted to the Corporation; and

(B) a reasonable maximum number of days within which the Corporation will respond to all inquiries.

(3) EFFECT OF FAILURE TO TIMELY RESPOND.—If the Corporation fails to respond to an inquiry in accordance with the procedures established pursuant to this subsection, the person requesting the interpretation of this subtitle or regulation may assume the interpretation is correct for the applicable reinsurance year.

PERSONNEL

SEC. 507. [7 U.S.C. 1507]

(a) The Secretary shall appoint such officers and employees as may be necessary for the transaction of the business of the Corporation pursuant to civil-service laws and regulations, fix their compensation in accordance with the provisions of the Classification Act of 1923 ①, as amended, define their authority and duties, and delegate to them such of the powers vested in the Corporation as the Secretary may determine appropriate. However, personnel paid by the hour, day, or month when actually employed may be appointed and their compensation fixed without regard to civil-service laws and regulations or the Classification Act of 1923, as amended.

(b) Insofar as applicable, the benefits of the Act entitled"An Act to provide compensation for employees of the United States suffering injuries while in the performance of their duties, and for other purposes," approved September

---

① Section 1106(a) of the Classification Act of 1949 (63 Stat. 972) provides as follows:"Whenever reference is made in any other law to the Classification Act of 1923, as amended, such reference shall be held and considered to mean [the Classification Act of 1949]. Whenever reference is made in any other law to a grade of the Classification Act of 1923, as amended, such reference shall be held and considered to mean the corresponding grade shown in section 604 of the Classification Act of 1949."The Classification Act of 1949 is now codified as Chapter 51 and subchapter III of Chapter 53 of title 5, United States Code. See section 7(b) of Public Law 89–554 (80 Stat. 631).

7, 1916, as amended (5 U.S.C. Chapter 8, subchapter I), shall extend to persons given employment under the provisions of this subtitle, including the employees of the committees and associations referred to in subsection (c) of this section and the members of such committees.

(c) In the administration of this subtitle, the Board shall, to the maximum extent possible, (1) establish or use committees or associations of producers and make payments to them to cover the administrative and program expenses, as determined by the Board, incurred by them in cooperating in carrying out this subtitle, (2) contract with private insurance companies, private rating bureaus, and other organizations as appropriate for actuarial services, services relating to loss adjustment and rating plans of insurance, and other services to avoid duplication by the Federal Government of services that are or may readily be available in the private sector and to enable the Corporation to concentrate on regulating the provision of insurance under this subtitle and evaluating new products and materials submitted under section 508(h) or 523, and reimburse such companies for the administrative and program expenses, as determined by the Board, incurred by them, under terms and provisions and rates of compensation consistent with those generally prevailing in the insurance industry, and (3) encourage the sale of Federal crop insurance through licensed private insurance agents and brokers and give the insured the right to renew such insurance for successive terms through such agents and brokers, in which case the agent or broker shall be reasonably compensated from premiums paid by the insured for such sales and renewals recognizing the function of the agent or broker to provide continuing services while the insurance is in effect: *Provided,* That such compensation shall not be included in computations establishing premium rates. The Board shall provide such agents and brokers with indemnification, including costs and reasonable attorney fees, from the Corporation for errors or omissions on the part of the Corporation or its contractors for which the agent or broker is sued or held liable, except to the extent the agent or broker has caused the error or omission. Nothing in this subsection shall permit the Corporation to contract with other persons to carry out the responsibility of the Corporation to review and approve policies, rates, and other materials submitted under section 508(h).

(d) The Secretary may allot to bureaus and offices of the Department or transfer to such other agencies of the State and Federal Governments as he may request to assist in carrying out this subtitle any funds made available pursuant to the provisions of section 516.

(e) In carrying out the provisions of this subtitle the Board may, in its discretion, utilize producer-owned and producer-controlled cooperative associations.

(f) USE OF RESOURCES, DATA, BOARDS, AND COMMITTEES OF

FEDERAL AGENCIES.—If the Board determines it is necessary, the Board shall use, to the maximum extent practicable, the resources, data, boards, and the committees of—

(1) the Natural Resources Conservation Service, in assisting the Board in—

(A) the classification of land as to risk and production capability; and

(B) the consideration of acceptable conservation practices, including good farming practices with respect to conservation (such as cover crop termination);

(2) the Forest Service, in assisting the Board in the development of a timber insurance plan;

(3) the Farm Service Agency, in assisting the Board in—

(A) the determination of individual producer yields;

(B) sharing information on beginning farmers and ranchers and veteran farmers and ranchers;

(C) investigating potential waste, fraud, or abuse;

(D) sharing information to support the transition of crops and counties from the noninsured crop disaster assistance program established by section 196 of the Federal Agriculture Improvement and Reform Act of 1996 (7 U.S.C. 7333) to insurance under this subtitle; and

(E) serving as a local point of contact for the dissemination of information on risk management options available to farmers and ranchers.

(4) other Federal agencies, in assisting the Board in any way the Board determines is necessary in carrying out this subtitle.

(g) SPECIALTY CROPS COORDINATOR.—

(1) IN GENERAL.—The Corporation shall establish a management-level position to be known as the Specialty Crops Coordinator.

(2) ①The Specialty Crops Coordinator shall have primary responsibility for addressing the needs of specialty crop producers, and for providing information and advice, in connection with the activities of the Corporation to improve and expand the insurance program for specialty crops. In carrying out this paragraph, the Specialty Crops Coordinator shall act as the liaison of the Corporation with representatives of specialty crop producers and assist the Corporation with the knowledge, expertise, and familiarity of the producers with risk management and production issues pertaining to specialty crops.

(3) ②The Specialty Crops Coordinator shall use information collected from Corporation field office directors in States in which specialty crops have a significant economic effect and from other sources, including the

---

①② Margins for paragraphs (2) and (3) are so in law.

extension service and colleges and universities.

(4) SPECIALTY CROP LIAISONS.—The Specialty Crops Coordinator shall—

(A) designate a Specialty Crops Liaison in each regional field office; and

(B) share the contact information of the Specialty Crops Liaisons with specialty crop producers.

(5) WEBSITE.—The Specialty Crops Coordinator shall establish a website focused on the efforts of the Corporation to provide and expand crop insurance for specialty crop producers.

SEC. 508. [7 U.S.C. 1508] CROP INSURANCE.

(a) AUTHORITY TO OFFER INSURANCE.—

(1) IN GENERAL.—If sufficient actuarial data are available (as determined by the Corporation), the Corporation may insure, or provide reinsurance for insurers of, producers of agricultural commodities grown in the United States under 1 or more plans of insurance determined by the Corporation to be adapted to the agricultural commodity concerned. To qualify for coverage under a plan of insurance, the losses of the insured commodity must be due to drought, flood, or other natural disaster (as determined by the Secretary).

(2) PERIOD.—Except in the cases of tobacco, potatoes, sweet potatoes, and hemp, insurance shall not extend beyond the period during which the insured commodity is in the field. As used in the preceding sentence, in the case of an aquacultural species, the term"field"means the environment in which the commodity is produced.

(3) EXCLUSION OF LOSSES DUE TO CERTAIN ACTIONS OF PRODUCER.—

(A) EXCLUSIONS.—Insurance provided under this subsection shall not cover losses due to—

(i) the neglect or malfeasance of the producer;

(ii) the failure of the producer to reseed to the same crop in such areas and under such circumstances as it is customary to reseed; or

(iii) the failure of the producer to follow good farming practices, including scientifically sound sustainable and organic farming practices.

(B) GOOD FARMING PRACTICES DETERMINATION REVIEW.—

(i) INFORMAL ADMINISTRATIVE PROCESS.—A producer shall have the right to a review of a determination regarding good farming practices made under subparagraph (A)(iii) in accordance with an informal administrative process to be established by the Corporation.

(ii) ADMINISTRATIVE REVIEW .—

(Ⅰ) NO ADVERSE DECISION.—The determination shall not be considered an adverse decision for purposes of subtitle H of the Department of Agriculture Reorganization Act of 1994 (7 U.S.C. 6991 et seq.).

(Ⅱ) REVERSAL OR MODIFICATION.—Except as provided in clause (i), the determination may not be reversed or modified as the result of a subsequent administrative review.

(iii) JUDICIAL REVIEW .—

(Ⅰ) RIGHT TO REVIEW.—A producer shall have the right to judicial review of the determination without exhausting any right to a review under clause (i).

(Ⅱ) REVERSAL OR MODIFICATION.—The determination may not be reversed or modified as the result of judicial review unless the determination is found to be arbitrary or capricious.

(C) LIMITATION ON REVENUE COVERAGE FOR POTATOES.—No policy or plan of insurance provided under this subtitle (including a policy or plan of insurance approved by the Board under subsection (h)) shall cover losses due to a reduction in revenue for potatoes except as covered under a whole farm policy or plan of insurance, as determined by the Corporation.

(4) EXPANSION TO OTHER AREAS OR SINGLE PRODUCERS.—

(A) AREA EXPANSION.—The Corporation may offer plans of insurance or reinsurance for production of agricultural commodities in the Commonwealth of Puerto Rico, the Virgin Islands, Guam, American Samoa, the Commonwealth of the Northern Mariana Islands, the Republic of the Marshall Islands, the Federated States of Micronesia, and the Republic of Palau in the same manner as provided in this section for production of agricultural commodities in the United States.

(B) PRODUCER EXPANSION.—In an area in the United States or specified in subparagraph (A) where crop insurance is not available for a particular agricultural commodity, the Corporation may offer to enter into a written agreement with an individual producer operating in the area for insurance coverage under this subtitle if the producer has actuarially sound data relating to the production by the producer of the commodity or similar commodities and the data is acceptable to the Corporation.

(5) DISSEMINATION OF CROP INSURANCE INFORMATION.—

(A) AVAILABLE INFORMATION.—The Corporation shall make available to producers through local offices of the Department—

(i) current and complete information on all aspects of Federal crop insurance; and

(ii) a listing of insurance agents and companies offering to sell crop insurance in the area of the producers.

(B) USE OF ELECTRONIC METHODS.—

(i) DISSEMINATION BY CORPORATION.—The Corporation shall make the information described in subparagraph (A) available electronically to producers and approved insurance providers.

(ii) SUBMISSION TO CORPORATION.—To the maximum extent practicable, the Corporation shall allow producers and approved insurance providers to use electronic methods to submit information required by the Corporation.

(6) ADDITION OF NEW AND SPECIALTY CROPS (INCLUDING VALUE-ADDED CROPS).—

(A) ANNUAL REVIEW.—Not later than 1 year after the date of enactment of the Agriculture Improvement Act of 2018, and annually thereafter, the manager of the Corporation shall prepare, to the maximum extent practicable, based on data shared from the noninsured crop disaster assistance program established by section 196 of the Federal Agriculture Improvement and Reform Act of 1996 (7 U.S.C. 7333), written agreements, or other data, and present to the Board not less than 1 of each of the following:

(i) Research and development for a policy or plan of insurance for a commodity for which there is no existing policy or plan of insurance.

(ii) Expansion of an existing policy or plan of insurance to additional counties or States, including malting barley endorsements or contract options.

(iii) Research and development for a new policy or plan of insurance, or endorsement, for commodities with existing policies or plans of insurance, such as dollar plans.

(B) REPORT.—Not later than 1 year after the date of enactment of this paragraph, and annually thereafter, the Corporation shall report to Congress on the progress and expected timetable for expanding crop insurance coverage under this subtitle to new and specialty crops.

(7) ADEQUATE COVERAGE FOR STATES AND UNDERSERVED PRODUCERS.—

(A) DEFINITIONS.—In this paragraph:

(i) ADEQUATELY SERVED.—The term "adequately served" means having a participation rate, by crop, that is at least 50 percent of the national average participation rate.

(ii) UNDERSERVED PRODUCER.—The term "underserved producer" means an individual (including a member of an Indian Tribe) that is—

(Ⅰ) a beginning farmer or rancher;

(Ⅱ) a veteran farmer or rancher; or

(Ⅲ) a socially disadvantaged farmer or rancher.

(B) REVIEW.—Using resources and information available to the Board or the Secretary, the Board shall review the policies and plans of insurance that are offered by approved insurance providers under this subtitle, including policies and plans of insurance for underserved producers, to determine if each State is adequately served by the policies and plans of insurance.

(C) REPORT.—

(i) IN GENERAL.—Not later than 30 days after completion of the review under subparagraph (B), and not less frequently than once every 3 years thereafter, the Board shall make publicly available and submit to the Committee on Agriculture of the House of Representatives and the Committee on Agriculture, Nutrition, and Forestry of the Senate a report describing the results of the review.

(ii) RECOMMENDATIONS.—The report under clause (i) shall include recommendations to increase participation in States and among underserved producers that are not adequately served by the policies and plans of insurance, including any plans for administrative action or recommendations for Congressional action.

(8) SPECIAL PROVISIONS FOR COTTON AND RICE.—Notwithstanding any other provision of this subtitle, beginning with the 2001 crops of upland cotton, extra long staple cotton, and rice, the Corporation shall offer plans of insurance, including prevented planting coverage and replanting coverage, under this subtitle that cover losses of upland cotton, extra long staple cotton, and rice resulting from failure of irrigation water supplies due to drought and saltwater intrusion.

(9) PREMIUM ADJUSTMENTS.—

(A) PROHIBITION.—Except as provided in subparagraph (B), no person shall pay, allow, or give, or offer to pay, allow, or give, directly or indirectly, either as an inducement to procure insurance or after insurance has been procured, any rebate, discount, abatement, credit, or reduction of the premium named in an insurance policy or any other valuable consideration or inducement not specified in the policy.

(B) EXCEPTIONS.—Subparagraph (A) does not apply with respect to—

(i) a payment authorized under subsection (b)(5)(B);

(ii) a performance-based discount authorized under subsection (d)(3); or

(iii) a patronage dividend, or similar payment, that is paid—

(Ⅰ) by an entity that was approved by the Corporation to make such payments for the 2005, 2006, or 2007 reinsurance year, in accordance with subsection (b)(5)(B) as in effect on the day before the date of enactment of this paragraph; and

(Ⅱ) in a manner consistent with the payment plan approved in accordance with that subsection for the entity by the Corporation for the applicable reinsurance year.

(C) PUBLICATION OF VIOLATIONS.—

(i) PUBLICATION REQUIRED.—Subject to clause (ii), the Corporation shall publish in a timely manner on the website of the Risk Management Agency information regarding each violation of this paragraph, including any sanctions imposed in response to the violation, in sufficient detail so that the information may serve as effective guidance to approved insurance providers, agents, and producers.

(ii) PROTECTION OF PRIVACY.—In providing information under clause (i) regarding violations of this paragraph, the Corporation shall redact the identity of the persons and entities committing the violations in order to protect the privacy of those persons and entities.

(10) COMMISSIONS.—

(A) DEFINITION OF IMMEDIATE FAMILY.—In this paragraph, the term "immediate family" means an individual's father, mother, stepfather, stepmother, brother, sister, stepbrother, stepsister, son, daughter, stepson, stepdaughter, grandparent, grandson, granddaughter, father-in-law, mother-in-law, brother-in-law, sister-in-law, son-in-law, daughter-in-law, the spouse of the foregoing, and the individual's spouse.

(B) PROHIBITION.—No individual (including a subagent) may receive directly, or indirectly through an entity, any compensation (including any commission, profit sharing, bonus, or any other direct or indirect benefit) for the sale or service of a policy or plan of insurance offered under this subtitle if—

(i) the individual has a substantial beneficial interest, or a member of the individual's immediate family has a substantial beneficial interest, in the policy or plan of insurance; and

(ii) the total compensation to be paid to the individual with respect to the sale or service of the policies or plans of insurance that meet the condition described in clause (i) exceeds 30 percent or the percentage specified in State law, whichever is less, of the total of all compensation received directly or indirectly by the individual for the sale or service of all policies and plans of insurance offered under this subtitle for the reinsurance year.

(C) REPORTING.—Not later than 90 days after the annual settlement date of the reinsurance year, any individual that received directly or indirectly any compensation for the service or sale of any policy or plan of insurance offered under this subtitle in the prior reinsurance year shall certify to applicable approved insurance providers that the compensation that the individual received was in compliance with this paragraph.

(D) SANCTIONS.—The procedural requirements and sanctions prescribed in section 515(h) shall apply to the prosecution of a violation of this paragraph.

(E) APPLICABILITY.—

(i) IN GENERAL.—Sanctions for violations under this paragraph shall only apply to the individuals or entities directly responsible for the certification required under subparagraph (C) or the failure to comply with the requirements of this paragraph.

(ii) PROHIBITION.—No sanctions shall apply with respect to the policy or plans of insurance upon which compensation is received, including the reinsurance for those policies or plans.

(11) COVER CROPS.—

(A) IN GENERAL.—The voluntary practice of cover cropping shall be considered a good farming practice under paragraph (3)(A)(iii) if the cover crop is terminated in accordance with subparagraph (B).

(B) TERMINATION.—

(i) IN GENERAL.—The termination of a cover crop shall be carried out according to—

(Ⅰ) guidelines established by the Secretary; or

(Ⅱ) an exception to the guidelines approved under clause (ii).

(ii) EXCEPTION TO GUIDELINES.—The Corporation shall approve an exception to the guidelines under clause (i)(I) if that exception is recommended by—

(Ⅰ) the Natural Resources Conservation Service; or

(Ⅱ) an agricultural expert, as determined by the Corporation, unless the exception is determined to be unreasonable by the Corporation.

(C) INSURABILITY OF SUBSEQUENT CROP.—Cover crop termination shall not affect the insurability of a subsequently planted insurable crop if the cover crop is terminated in accordance with subparagraph (B).

(D) SUMMER FALLOW.—In a county in which summer fallow is an insurable practice, a cover crop in that county that is terminated in accordance with subparagraph (B) shall be considered as summer fallow for the purpose of insurability.

(b) CATASTROPHIC RISK PROTECTION.—

(1) COVERAGE AVAILABILITY.—The Corporation shall offer a catastrophic risk protection plan to indemnify producers for crop loss due to loss of yield or prevented planting, if provided by the Corporation, when the producer is unable, because of drought, flood, or other natural disaster (as determined by the Secretary), to plant other crops for harvest on the acreage for the crop year.

(2) AMOUNT OF COVERAGE.—

(A) IN GENERAL.—Subject to subparagraph (B)—

(i) in the case of each of the 1995 through 1998 crop years, catastrophic risk protection shall offer a producer coverage for a 50 percent loss in yield, on an individual yield or area yield basis, indemnified at 60 percent of the expected market price, or a comparable coverage (as determined by the Corporation); and

(ii) in the case of each of the 1999 and subsequent crop years, catastrophic risk protection shall offer a producer coverage for a 50 percent loss in yield, on an individual yield or area yield basis, indemnified at 55 percent of the expected market price, or a comparable coverage (as determined by the Corporation).

(B) REDUCTION IN ACTUAL PAYMENT.—The amount paid to a producer on a claim under catastrophic risk protection may reflect a reduction that is proportional to the out-of-pocket expenses that are not incurred by the producer as a result of not planting, growing, or harvesting the crop for which the claim is made, as determined by the Corporation.

(3) ALTERNATIVE CATASTROPHIC COVERAGE.—Beginning with the 2001 crop year, the Corporation shall offer producers of an agricultural commodity the option of selecting either of the following:

(A) The catastrophic risk protection coverage available under paragraph (2)(A).

(B) An alternative catastrophic risk protection coverage that—

(i) indemnifies the producer on an area yield and loss basis if such a policy or plan of insurance is offered for the agricultural commodity in the county in which the farm is located;

(ii) provides, on a uniform national basis, a higher combination of yield and price protection than the coverage available under paragraph (2)(A); and

(iii) the Corporation determines is comparable to the coverage available under paragraph (2)(A) for purposes of subsection (e)(2)(A).

(4) SALE OF CATASTROPHIC RISK COVERAGE.—

(A) IN GENERAL.—Catastrophic risk coverage may be offered by—

(i) approved insurance providers, if available in an area; and

(ii) at the option of the Secretary that is based on considerations of need, local offices of the Department.

(B) NEED.—For purposes of considering need under subparagraph (A)(ii), the Secretary may take into account the most efficient and cost-effective use of resources, the availability of personnel, fairness to local producers, the needs and convenience of local producers, and the availability of private insurance carriers.

(C) DELIVERY OF COVERAGE.—

(i) IN GENERAL.—In full consultation with approved insurance providers, the Secretary may continue to offer catastrophic risk protection in a State (or a portion of a State) through local offices of the Department if the Secretary determines that there is an insufficient number of approved insurance providers operating in the State or portion of the State to adequately provide catastrophic risk protection coverage to producers.

(ii) COVERAGE BY APPROVED INSURANCE PROVIDERS.—To the extent that catastrophic risk protection coverage by approved insurance providers is sufficiently available in a State (or a portion of a State) as determined by the Secretary, only approved insurance providers may provide the coverage in the State or portion of the State.

(iii) TIMING OF DETERMINATIONS.—Not later than 90 days after the date of enactment of this subparagraph, the Secretary shall announce the results of the determinations under clause (i) for policies for the 1997 crop year. For subsequent crop years, the Secretary shall make the announcement not later than April 30 of the year preceding the year in which the crop will be produced, or at such other times during the year as the Secretary finds practicable in consultation with affected crop insurance providers for those States (or portions of States) in which catastrophic coverage remains available through local offices of the Department.

(iv) CURRENT POLICIES.—This clause shall take effect beginning with the 1997 crop year. Subject to clause (ii) all catastrophic risk protection policies written by local offices of the Department shall be transferred to the approved insurance provider for performance of all sales, service, and loss adjustment functions. Any fees in connection with such policies that are not yet collected at the time of the transfer shall be payable to the approved insurance providers assuming the policies. The transfer process for policies for the 1997 crop year with sales closing dates before January 1, 1997, shall begin at the time of the Secretary's announcement under clause (iii) and be completed by the sales closing date for the crop and county. The transfer process for all subsequent policies (including policies for the 1998 and subsequent crop years) shall begin at a date that permits the process to be completed not later than 45 days before the sales closing date.

(5) ADMINISTRATIVE FEE.—

(A) BASIC FEE.—Each producer shall pay an administrative fee for catastrophic risk protection in the amount of $655 per crop per county.

(B) PAYMENT OF CATASTROPHIC RISK PROTECTION FEE ON BEHALF OF PRODUCERS.—

(i) PAYMENT AUTHORIZED.—If State law permits a licensing fee to be paid by an insurance provider to a cooperative association or trade association and rebated to a producer through the payment of catastrophic risk protection administrative fees, a cooperative association or trade association located in that State may pay, on behalf of a member of the association in that State or a contiguous State who consents to be insured under such an arrangement, all or a portion of the administrative fee required by this paragraph for catastrophic risk protection.

(ii) SELECTION OF PROVIDER.—Nothing in this subparagraph limits the option of a producer to select the licensed insurance agent or other approved insurance provider from whom the producer will purchase a policy or plan of insurance or to refuse coverage for which a payment is offered to be made under clause (i).

(iii) DELIVERY OF INSURANCE.—Catastrophic risk protection coverage for which a payment is made under clause (i) shall be delivered by a licensed insurance agent or other approved insurance provider.

(iv) ADDITIONAL COVERAGE ENCOURAGED.—A cooperative association or trade association, and any approved insurance provider with whom a licensing fee is made, shall encourage producer members to purchase appropriate levels of coverage in order to meet the risk management needs of the member producers.

(C) TIME FOR PAYMENT.—The administrative fee required by this paragraph shall be paid by the producer on the same date on which the premium for a policy of additional coverage would be paid by the producer.

(D) USE OF FEES.—

(i) IN GENERAL.—The amounts paid under this paragraph shall be deposited in the crop insurance fund established under section 516(c), to be available for the programs and activities of the Corporation.

(ii) LIMITATION.—No funds deposited in the crop insurance fund under this subparagraph may be used to compensate an approved insurance provider or agent for the delivery of services under this subsection.

(E) WAIVER OF FEE.—

(i) IN GENERAL.—The Corporation shall waive the amounts required under this paragraph for limited resource farmers and beginning farmers or ranchers, as defined by the Corporation, and veteran farmers or ranchers.

(ii) COORDINATION.—The Corporation shall coordinate with other agencies of the Department that provide programs or services to farmers and ranchers described in clause (i) to make available coverage under the waiver under that clause and to share eligibility information to reduce paperwork and avoid duplication.

(6) PARTICIPATION REQUIREMENT.—A producer may obtain catastrophic risk coverage for a crop of the producer on land in the county only if the producer obtains the coverage for the crop on all insurable land of the producer in the county.

(7) LIMITATION DUE TO RISK.—The Corporation may limit catastrophic risk coverage in any county or area, or on any farm, on the basis of the insurance risk concerned.

(8) TRANSITIONAL COVERAGE FOR 1995 CROPS.—Effective only for a 1995 crop planted or for which insurance attached prior to January 1, 1995, the Corporation shall allow producers of the crops until not later

than the end of the 180-day period beginning on the date of enactment of the Federal Crop Insurance Reform Act of 1994 to obtain catastrophic risk protection for the crop. On enactment of such Act, a producer who made timely purchases of a crop insurance policy before the date of enactment of such Act, under the provisions of this subtitle then in effect, shall be eligible for the same benefits to which a producer would be entitled under comparable additional coverage under subsection (c).

(9) SIMPLIFICATION.—

(A) CATASTROPHIC RISK PROTECTION PLANS.—In developing and carrying out the policies and procedures for a catastrophic risk protection plan under this subtitle, the Corporation shall, to the maximum extent practicable, minimize the paperwork required and the complexity and costs of procedures governing applications for, processing, and servicing of the plan for all parties involved.

(B) OTHER PLANS.—To the extent that the policies and procedures developed under subparagraph (A) may be applied to other plans of insurance offered under this subtitle without jeopardizing the actuarial soundness or integrity of the crop insurance program, the Corporation shall apply the policies and procedures to the other plans of insurance within a reasonable period of time (as determined by the Corporation) after the effective date of this paragraph.

(10) LOSS ADJUSTMENT.—The rate for reimbursing an approved insurance provider or agent for expenses incurred by the approved insurance provider or agent for loss adjustment in connection with a policy of catastrophic risk protection shall not exceed 6 percent of the premium for catastrophic risk protection that is used to define loss ratio.

(c) GENERAL COVERAGE LEVELS.—

(1) ADDITIONAL COVERAGE GENERALLY.—

(A) IN GENERAL.—The Corporation shall offer to producers of agricultural commodities grown in the United States plans of crop insurance that provide additional coverage.

(B) PURCHASE.—To be eligible for additional coverage, a producer must apply to an approved insurance provider for purchase of additional coverage if the coverage is available from an approved insurance provider. If additional coverage is unavailable privately, the Corporation may offer additional coverage plans of insurance directly to producers.

(2) TRANSFER OF RELEVANT INFORMATION.—If a producer has already applied for catastrophic risk protection at the local office of the Department and elects to purchase additional coverage, the relevant information for the crop of the producer shall be transferred to the

approved insurance provider servicing the additional coverage crop policy.

(3) YIELD AND LOSS BASIS OPTIONS.—A producer shall have the option of purchasing additional coverage based on—

(A) (i) an individual yield and loss basis;

(ii) an area yield and loss basis.

(B) an individual yield and loss basis, supplemented with coverage based on an area yield and loss basis to cover a part of the deductible under the individual yield and loss policy, as described in paragraph (4)(C); or

(C) a margin basis alone or in combination with the coverages available under subparagraph (A) or (B).

(4) LEVEL OF COVERAGE.—

(A) DOLLAR DENOMINATION AND PERCENTAGE OF YIELD.—Except as provided in subparagraph (C), the level of coverage—

(i) shall be dollar denominated; and

(ii) may be purchased at any level not to exceed 85 percent of the individual yield or 95 percent of the area yield (as determined by the Corporation).

(B) INFORMATION.—The Corporation shall provide producers with information on catastrophic risk and additional coverage in terms of dollar coverage (within the allowable limits of coverage provided in this paragraph).

(C) SUPPLEMENTAL COVERAGE OPTION.—

(i) IN GENERAL.—Notwithstanding subparagraph (A), in the case of the supplemental coverage option described in paragraph (3)(B), the Corporation shall offer producers the opportunity to purchase coverage in combination with a policy or plan of insurance offered under this subtitle that would allow indemnities to be paid to a producer equal to a part of the deductible under the policy or plan of insurance—

(Ⅰ) at a county-wide level to the fullest extent practicable; or

(Ⅱ) in counties that lack sufficient data, on the basis of such larger geographical area as the Corporation determines to provide sufficient data for purposes of providing the coverage.

(ii) TRIGGER.—Coverage offered under paragraph (3)(B) and clause (i) shall be triggered only if the losses in the area exceed 14 percent of normal levels (as determined by the Corporation).

(iii) COVERAGE.—Subject to the trigger described in clause (ii), coverage offered under paragraph (3)(B) and clause (i) shall not exceed the difference between—

(Ⅰ) 86 percent; and

(Ⅱ) the coverage level selected by the producer for the underlying policy or plan of insurance.

(iv) INELIGIBLE CROPS AND ACRES.—Crops for which the producer has elected under section 1116 of the Agricultural Act of 2014 to receive agriculture risk coverage and acres that are enrolled in the stacked income protection plan under section 508B shall not be eligible for supplemental coverage under this subparagraph.

(v) CALCULATION OF PREMIUM.—Notwithstanding subsection (d), the premium for coverage offered under paragraph (3)(B) and clause (i) shall—

(Ⅰ) be sufficient to cover anticipated losses and a reasonable reserve; and

(Ⅱ) include an amount for operating and administrative expenses established in accordance with subsection (k)(4)(F).

(5) EXPECTED MARKET PRICE.—

(A) ESTABLISHMENT OR APPROVAL.—For the purposes of this subtitle, the Corporation shall establish or approve the price level (referred to in this subtitle as the "expected market price") of each agricultural commodity for which insurance is offered.

(B) GENERAL RULE.—Except as otherwise provided in subparagraph (C), the expected market price of an agricultural commodity shall be not less than the projected market price of the agricultural commodity, as determined by the Corporation.

(C) OTHER AUTHORIZED APPROACHES.—The expected market price of an agricultural commodity—

(i) may be based on the actual market price of the agricultural commodity at the time of harvest, as determined by the Corporation;

(ii) in the case of revenue and other similar plans of insurance, may be the actual market price of the agricultural commodity, as determined by the Corporation;

(iii) in the case of cost of production or similar plans of insurance, shall be the projected cost of producing the agricultural commodity, as determined by the Corporation; or

(iv) in the case of other plans of insurance, may be an appropriate amount, as determined by the Corporation.

(D) GRAIN SORGHUM PRICE ELECTION.—

(i) IN GENERAL.—The Corporation, in conjunction with the Secretary (referred to in this subparagraph as the"Corporation"), shall—

(Ⅰ) not later than 60 days after the date of enactment of this subparagraph, make available all methods and data, including data from the Economic Research Service, used by the Corporation to develop the expected market prices for grain sorghum under the production and revenue-based plans of insurance of the Corporation; and

(Ⅱ) request applicable data from the grain sorghum industry.

(ii) EXPERT REVIEWERS .—

(Ⅰ) IN GENERAL.—Not later than 120 days after the date of enactment of this subparagraph, the Corporation shall contract individually with 5 expert reviewers described in subclause (II) to develop and recommend a methodology for determining an expected market price for sorghum for both the production and revenue-based plans of insurance to more accurately reflect the actual price at harvest.

(Ⅱ) REQUIREMENTS.—The expert reviewers under subclause (Ⅰ) shall be comprised of agricultural economists with experience in grain sorghum and corn markets, of whom—

(aa) 2 shall be agricultural economists of institutions of higher education;

(bb) 2 shall be economists from within the Department; and

(cc) 1 shall be an economist nominated by the grain sorghum industry.

(iii) RECOMMENDATIONS.—

(Ⅰ) IN GENERAL.—Not later than 90 days after the date of contracting with the expert reviewers under clause (ii), the expert reviewers shall submit, and the Corporation shall make available to the public, the recommendations of the expert reviewers.

(Ⅱ) CONSIDERATION.—The Corporation shall consider the recommendations under subclause (I) when determining the appropriate pricing methodology to determine the expected market price for grain sorghum under both the production and revenue-based plans of insurance.

(Ⅲ) PUBLICATION.—Not later than 60 days after the date on which the Corporation receives the recommendations of the expert reviewers, the Corporation shall publish the proposed pricing methodology for both the production and revenue-based plans of insurance for notice and comment and, during the comment period, conduct at least 1 public meeting to discuss the proposed pricing methodologies.

(iv) APPROPRIATE PRICING METHODOLOGY.—

(Ⅰ) IN GENERAL.—Not later than 180 days after the close of the comment period in clause (iii)(III), but effective not later than the 2010 crop year, the Corporation shall implement a pricing methodology for grain sorghum under the production and revenue-based plans of insurance that is transparent and replicable.

(Ⅱ) INTERIM METHODOLOGY.—Until the date on which the new pricing methodology is implemented, the Corporation may continue to use the pricing methodology that the Corporation determines best establishes the expected market price.

(Ⅲ) AVAILABILITY.—On an annual basis, the Corporation shall make available the pricing methodology and data used to determine the expected market prices for grain sorghum under the production and revenue-based plans of insurance, including any changes to the methodology used to determine the expected market prices for grain sorghum from the previous year.

(6) PRICE ELECTIONS.—

(A) IN GENERAL.—Subject to subparagraph (B), insurance coverage shall be made available to a producer on the basis of any price election that equals or is less than the price election established by the Corporation. The coverage shall be quoted in terms of dollars per acre.

(B) MINIMUM PRICE ELECTIONS.—The Corporation may establish minimum price elections below which levels of insurance shall not be offered.

(C) WHEAT CLASSES AND MALTING BARLEY.—The Corporation shall, as the Corporation determines practicable, offer producers different price elections for classes of wheat and malting barley (including contract prices in the case of malting barley), in addition to the standard price election, that reflect different market prices, as determined by the Corporation. The Corporation shall, as the Corporation determines practicable, offer additional coverage for each class determined under this subparagraph and charge a premium for each class that is actuarially sound.

(D) ORGANIC CROPS.—

(i) IN GENERAL.—As soon as possible, but not later than the 2015 reinsurance year, the Corporation shall offer producers of organic crops price elections for all organic crops produced in compliance with standards issued by the Department of Agriculture under the national organic program established under the Organic Foods Production Act of 1990 (7 U.S.C. 6501 et seq.) that reflect the actual retail or wholesale prices, as appropriate, received by producers for organic crops, as determined by the Secretary using all relevant sources of information.

(ii) ANNUAL REPORT.—The Corporation shall submit to the Committee on Agriculture of the House of Representatives and the Committee on Agriculture, Nutrition, and Forestry of the Senate an annual report on progress made in developing and improving Federal crop insurance for organic crops, including—

(Ⅰ) the numbers and varieties of organic crops insured;

(Ⅱ) the progress of implementing the price elections required under this subparagraph, including the rate at which additional price elections are adopted for organic crops;

(Ⅲ) the development of new insurance approaches relevant to organic producers; and

(Ⅳ) any recommendations the Corporation considers appropriate to improve Federal crop insurance coverage for organic crops.

(7) FIRE AND HAIL COVERAGE.—For levels of additional coverage equal to 65 percent or more of the recorded or appraised average yield indemnified at 100 percent of the expected market price, or an equivalent coverage, a producer may elect to delete from the additional coverage any coverage against damage caused by fire and hail if the producer obtains an equivalent or greater dollar amount of coverage for damage caused by fire and hail from an approved insurance provider. On written notice of the election to the company issuing the policy providing additional coverage and submission of evidence of substitute coverage on the commodity insured, the premium of the producer shall be reduced by an amount determined by the Corporation to be actuarially appropriate, taking into account the actuarial value of the remaining coverage provided by the Corporation. In no event shall the producer be given credit for an amount of premium determined to be greater than the actuarial value of the protection against losses caused by fire and hail that is included in the additional coverage for the crop.

(8) STATE PREMIUM SUBSIDIES.—The Corporation may enter into an agreement with any State or agency of a State under which the State or agency may pay to the approved insurance provider an additional premium subsidy to further reduce the portion of the premium paid by

producers in the State.

(9) LIMITATIONS ON ADDITIONAL COVERAGE.—The Board may limit the availability of additional coverage under this subsection in any county or area, or on any farm, on the basis of the insurance risk involved. The Board shall not offer additional coverage equal to less than 50 percent of the recorded or appraised average yield indemnified at 100 percent of the expected market price, or an equivalent coverage.

(10) ADMINISTRATIVE FEE.—

(A) FEE REQUIRED.—If a producer elects to purchase coverage for a crop at a level in excess of catastrophic risk protection, the producer shall pay an administrative fee for the additional coverage of $30 per crop per county.

(B) USE OF FEES; WAIVER.—Subparagraphs (D) and (E) of subsection (b)(5) shall apply with respect to the collection and use of administrative fees under this paragraph.

(C) TIME FOR PAYMENT.—Subsection (b)(5)(C) shall apply with respect to the collection date for the administrative fee.

(d) PREMIUMS .—

(1) PREMIUMS REQUIRED.—The Corporation shall fix adequate premiums for all the plans of insurance of the Corporation at such rates as the Board determines are actuarially sufficient to attain an expected loss ratio of not greater than—

(A) 1.1 through September 30, 1998;

(B) 1.075 for the period beginning October 1, 1998, and ending on the day before the date of enactment of the Food, Conservation, and Energy Act of 2008; and

(C) 1.0 on and after the date of enactment of that Act.

(2) PREMIUM AMOUNTS.—The premium amounts for catastrophic risk protection under subsection (b) and additional coverage under subsection (c) shall be fixed as follows:

(A) In the case of catastrophic risk protection, the amount of the premium established by the Corporation for each crop for which catastrophic risk protection is available shall be reduced by the percentage equal to the difference between the average loss ratio for the crop and 100 percent, plus a reasonable reserve, as determined by the Corporation.

(B) In the case of additional coverage equal to or greater than 50 percent of the recorded or appraised average yield indemnified at not greater than 100 percent of the expected market price, or a comparable coverage for a policy or plan of insurance that is not based on individual yield, the amount of the premium shall—

(i) be sufficient to cover anticipated losses and a reasonable reserve;

and

(ii) include an amount for operating and administrative expenses, as determined by the Corporation, on an industry-wide basis as a percentage of the amount of the premium used to define loss ratio.

(3) PERFORMANCE-BASED DISCOUNT.—The Corporation may provide a performance-based premium discount for a producer of an agricultural commodity who has good insurance or production experience relative to other producers of that agricultural commodity in the same area, as determined by the Corporation.

(4) BILLING DATE FOR PREMIUMS.—Effective beginning with the 2012 reinsurance year, the Corporation shall establish August 15 as the billing date for premiums.

(e) PAYMENT OF PORTION OF PREMIUM BY CORPORATION .—

(1) IN GENERAL.—For the purpose of encouraging the broadest possible participation of producers in the catastrophic risk protection provided under subsection (b) and the additional coverage provided under subsection (c), the Corporation shall pay a part of the premium in the amounts provided in accordance with this subsection.

(2) AMOUNT OF PAYMENT.—Subject to paragraphs (3), (6), and (7), the amount of the premium to be paid by the Corporation shall be as follows:

(A) In the case of catastrophic risk protection, the amount shall be equivalent to the premium established for catastrophic risk protection under subsection (d)(2)(A).

(B) In the case of additional coverage equal to or greater than 50 percent, but less than 55 percent, of the recorded or appraised average yield indemnified at not greater than 100 percent of the expected market price, or a comparable coverage for a policy or plan of insurance that is not based on individual yield, the amount shall be equal to the sum of—

(i) 67 percent of the amount of the premium established under subsection (d)(2)(B)(i) for the coverage level selected; and

(ii) the amount determined under subsection (d)(2)(B)(ii) for the coverage level selected to cover operating and administrative expenses.

(C) In the case of additional coverage equal to or greater than 55 percent, but less than 65 percent, of the recorded or appraised average yield indemnified at not greater than 100 percent of the expected market price, or a comparable coverage for a policy or plan of insurance that is not based on individual yield, the amount shall be equal to the sum of—

(i) 64 percent of the amount of the premium established under subsection (d)(2)(B)(i) for the coverage level selected; and

(ii) the amount determined under subsection (d)(2)(B)(ii) for the coverage level selected to cover operating and administrative expenses.

(D) In the case of additional coverage equal to or greater than 65 percent, but less than 75 percent, of the recorded or appraised average yield indemnified at not greater than 100 percent of the expected market price, or a comparable coverage for a policy or plan of insurance that is not based on individual yield, the amount shall be equal to the sum of—

(i) 59 percent of the amount of the premium established under subsection (d)(2)(B)(i) for the coverage level selected; and

(ii) the amount determined under subsection (d)(2)(B)(ii) for the coverage level selected to cover operating and administrative expenses.

(E) In the case of additional coverage equal to or greater than 75 percent, but less than 80 percent, of the recorded or appraised average yield indemnified at not greater than 100 percent of the expected market price, or a comparable coverage for a policy or plan of insurance that is not based on individual yield, the amount shall be equal to the sum of—

(i) 55 percent of the amount of the premium established under subsection (d)(2)(B)(i) for the coverage level selected; and

(ii) the amount determined under subsection (d)(2)(B)(ii) for the coverage level selected to cover operating and administrative expenses.

(F) In the case of additional coverage equal to or greater than 80 percent, but less than 85 percent, of the recorded or appraised average yield indemnified at not greater than 100 percent of the expected market price, or a comparable coverage for a policy or plan of insurance that is not based on individual yield, the amount shall be equal to the sum of—

(i) 48 percent of the amount of the premium established under subsection (d)(2)(B)(i) for the coverage level selected; and

(ii) the amount determined under subsection (d)(2)(B)(ii) for the coverage level selected to cover operating and administrative expenses.

(G) Subject to subsection (c)(4), in the case of additional coverage equal to or greater than 85 percent of the recorded or appraised average yield indemnified at not greater than 100 percent of the expected market price, or a comparable coverage for a policy or plan of insurance that is not based on individual yield, the amount shall be equal to the sum of—

(i) 38 percent of the amount of the premium established under subsection (d)(2)(B)(i) for the coverage level selected; and

(ii) the amount determined under subsection (d)(2)(B)(ii) for the coverage level selected to cover operating and administrative expenses.

(H) In the case of the supplemental coverage option authorized in subsection (c)(4)(C), the amount shall be equal to the sum of—

(i) 65 percent of the additional premium associated with the coverage; and

(ii) the amount determined under subsection (c)(4)(C)(v)(II), subject to subsection (k)(4)(F), for the coverage to cover operating and administrative expenses.

(3) PROHIBITION ON CONTINUOUS COVERAGE.—Notwithstanding paragraph (2), during each of the 2001 and subsequent reinsurance years, additional coverage under subsection (c) shall be available only in 5 percent increments beginning at 50 percent of the recorded or appraised average yield.

(4) PREMIUM PAYMENT DISCLOSURE.—Each policy or plan of insurance under this subtitle shall prominently indicate the dollar amount of the portion of the premium paid by the Corporation.

(5) ENTERPRISE AND WHOLE FARM UNITS.—

(A) IN GENERAL.—The Corporation may pay a portion of the premiums for plans or policies of insurance for which the insurable unit is defined on a whole farm or enterprise unit basis that is higher than would otherwise be paid in accordance with paragraph (2).

(B) AMOUNT.—The percentage of the premium paid by the Corporation to a policyholder for a policy with an enterprise or whole farm unit under this paragraph shall, to the maximum extent practicable, provide the same dollar amount of premium subsidy per acre that would otherwise have been paid by the Corporation under paragraph (2) if the policyholder had purchased a basic or optional unit for the crop for the crop year.

(C) LIMITATION.—The amount of the premium paid by the Corporation under this paragraph may not exceed 80 percent of the total premium for the enterprise or whole farm unit policy.

(D) NONIRRIGATED CROPS.—Beginning with the 2015 crop year, the Corporation shall make available separate enterprise units for irrigated and nonirrigated acreage of crops in counties.

(E) ENTERPRISE UNITS ACROSS COUNTY LINES.—The

Corporation may allow a producer to establish a single enterprise unit by combining an enterprise unit with—

(i) 1 or more other enterprise units in 1 or more other counties; or

(ii) all basic units and all optional units in 1 or more other counties.

(6) PREMIUM SUBSIDY FOR AREA REVENUE PLANS.—Subject to paragraph (4), in the case of a policy or plan of insurance that covers losses due to a reduction in revenue in an area, the amount of the premium paid by the Corporation shall be as follows:

(A) In the case of additional area coverage equal to or greater than 70 percent, but less than 75 percent, of the recorded county yield indemnified at not greater than 100 percent of the expected market price, the amount shall be equal to the sum of—

(i) 59 percent of the amount of the premium established under subsection (d)(2)(B)(i) for the coverage level selected; and

(ii) the amount determined under subsection (d)(2)(B)(ii) for the coverage level selected to cover operating and administrative expenses.

(B) In the case of additional area coverage equal to or greater than 75 percent, but less than 85 percent, of the recorded county yield indemnified at not greater than 100 percent of the expected market price, the amount shall be equal to the sum of—

(i) 55 percent of the amount of the premium established under subsection (d)(2)(B)(i) for the coverage level selected; and

(ii) the amount determined under subsection (d)(2)(B)(ii) for the coverage level selected to cover operating and administrative expenses.

(C) In the case of additional area coverage equal to or greater than 85 percent, but less than 90 percent, of the recorded county yield indemnified at not greater than 100 percent of the expected market price, the amount shall be equal to the sum of—

(i) 49 percent of the amount of the premium established under subsection (d)(2)(B)(i) for the coverage level selected; and

(ii) the amount determined under subsection (d)(2)(B)(ii) for the coverage level selected to cover operating and administrative expenses.

(D) In the case of additional area coverage equal to or greater than 90 percent of the recorded county yield indemnified at not greater than 100 percent of the expected market price, the amount shall be equal to the sum of—

(i) 44 percent of the amount of the premium established under subsection (d)(2)(B)(i) for the coverage level selected; and

(ii) the amount determined under subsection (d)(2)(B)(ii) for the coverage level selected to cover operating and administrative expenses.

(7) PREMIUM SUBSIDY FOR AREA YIELD PLANS.—Subject to paragraph (4), in the case of a policy or plan of insurance that covers losses due to a loss of yield or prevented planting in an area, the amount of the premium paid by the Corporation shall be as follows:

(A) In the case of additional area coverage equal to or greater than 70 percent, but less than 80 percent, of the recorded county yield indemnified at not greater than 100 percent of the expected market price, the amount shall be equal to the sum of—

(i) 59 percent of the amount of the premium established under subsection (d)(2)(B)(i) for the coverage level selected; and

(ii) the amount determined under subsection (d)(2)(B)(ii) for the coverage level selected to cover operating and administrative expenses.

(B) In the case of additional area coverage equal to or greater than 80 percent, but less than 90 percent, of the recorded county yield indemnified at not greater than 100 percent of the expected market price, the amount shall be equal to the sum of—

(i) 55 percent of the amount of the premium established under subsection (d)(2)(B)(i) for the coverage level selected; and

(ii) the amount determined under subsection (d)(2)(B)(ii) for the coverage level selected to cover operating and administrative expenses.

(C) In the case of additional area coverage equal to or greater than 90 percent, of the recorded county yield indemnified at not greater than 100 percent of the expected market price, the amount shall be equal to the sum of—

(i) 51 percent of the amount of the premium established under subsection (d)(2)(B)(i) for the coverage level selected; and

(ii) the amount determined under subsection (d)(2)(B)(ii) for the coverage level selected to cover operating and administrative expenses.

(8) PREMIUM FOR BEGINNING AND VETERAN FARMERS OR RANCHERS.—Notwithstanding any other provision of this subsection regarding payment of a portion of premiums, a beginning farmer or rancher or veteran farmer or rancher shall receive premium assistance that is 10 percentage points greater than premium assistance that would otherwise be available under paragraphs (2) (except for subparagraph (A) of that paragraph), (5), (6), and (7) for the applicable policy, plan of in-

surance, and coverage level selected by the beginning farmer or rancher or veteran farmer or rancher.

(f) ELIGIBILITY.—

(1) IN GENERAL.—To participate in catastrophic risk protection coverage under this section, a producer shall submit an application at the local office of the Department or to an approved insurance provider.

(2) SALES CLOSING DATE.—

(A) IN GENERAL.—For coverage under this subtitle, each producer shall purchase crop insurance on or before the sales closing date for the crop by providing the required information and executing the required documents. Subject to the goal of ensuring actuarial soundness for the crop insurance program, the sales closing date shall be established by the Corporation to maximize convenience to producers in obtaining benefits under price and production adjustment programs of the Department.

(B) ESTABLISHED DATES.—Except as provided in subparagraph (C), the Corporation shall establish, for an insurance policy for each insurable crop that is planted in the spring, a sales closing date that is 30 days earlier than the corresponding sales closing date that was established for the 1994 crop year.

(C) EXCEPTION.—If compliance with subparagraph (B) results in a sales closing date for an agricultural commodity that is earlier than January 31, the sales closing date for that commodity shall be January 31 beginning with the 2000 crop year.

(3) RECORDS AND REPORTING.—To obtain catastrophic risk protection under subsection (b) or additional coverage under subsection (c), a producer shall—

(A) provide annually records acceptable to the Secretary regarding crop acreage, acreage yields, and production for each agricultural commodity insured under this subtitle or accept a yield determined by the Corporation; and

(B) report acreage planted and prevented from planting by the designated acreage reporting date for the crop and location as established by the Corporation.

(g) YIELD DETERMINATIONS .—

(1) IN GENERAL.—Subject to paragraph (2), the Corporation shall establish crop insurance underwriting rules that ensure that yield coverage, as specified in this subsection, is provided to eligible producers obtaining catastrophic risk protection under subsection (b) or additional coverage under subsection (c).

(2) YIELD COVERAGE PLANS.—

(A) ACTUAL PRODUCTION HISTORY.—Subject to subparagraph (B) and paragraph (4)(C), the yield for a crop shall be based on the actual production history for the crop, if the crop was produced on the farm without penalty during each of the 4 crop years immediately preceding the crop year for which actual production history is being established, building up to a production data base for each of the 10 consecutive crop years preceding the crop year for which actual production history is being established.

(B) ASSIGNED YIELD.—If the producer does not provide satisfactory evidence of the yield of a commodity under subparagraph (A), the producer shall be assigned—

(i) a yield that is not less than 65 percent of the transitional yield of the producer (adjusted to reflect actual production reflected in the records acceptable to the Corporation for continuous years), as specified in regulations issued by the Corporation based on production history requirements;

(ii) a yield determined by the Corporation, in the case of—

(Ⅰ) a producer that has not had a share of the production of the insured crop for more than two crop years, as determined by the Secretary;

(Ⅱ) a producer that produces an agricultural commodity on land that has not been farmed by the producer; or

(Ⅲ) a producer that rotates a crop produced on a farm to a crop that has not been produced on the farm; or

(iii) if the producer is a beginning farmer or rancher or veteran farmer or rancher who was previously involved in a farming or ranching operation, including involvement in the decisionmaking or physical involvement in the production of the crop or livestock on the farm, for any acreage obtained by the beginning farmer or rancher or veteran farmer or rancher, a yield that is the higher of—

(Ⅰ) the actual production history of the previous producer of the crop or livestock on the acreage determined under subparagraph (A); or

(Ⅱ) a yield of the producer, as determined in clause (i).

(C) AREA YIELD.—The Corporation may offer a crop insurance plan based on an area yield that allows an insured producer to qualify for an indemnity if a loss has occurred in an area (as specified by the Corporation) in which the farm of the producer is located. Under an area yield plan, an insured producer shall be allowed to select the level of area production at which an indemnity will be paid consistent with such terms and conditions as are established by the Corporation.

(D) COMMODITY-BY-COMMODITY BASIS.—A producer may choose between individual yield or area yield coverage or combined coverage, if available, on a commodity-by-commodity basis.

(E) SOURCES OF YIELD DATA.—To determine yields under this paragraph, the Corporation—

(i) shall use county data collected by the Risk Management Agency, the National Agricultural Statistics Service, or both; or

(ii) if sufficient county data is not available, may use other data considered appropriate by the Secretary.

(3) TRANSITIONAL YIELDS FOR PRODUCERS OF FEED OR FORAGE.—

(A) IN GENERAL.—If a producer does not provide satisfactory evidence of a yield under paragraph (2)(A), the producer shall be assigned a yield that is at least 80 percent of the transitional yield established by the Corporation (adjusted to reflect the actual production history of the producer) if the Secretary determines that—

(i) the producer grows feed or forage primarily for on-farm use in a livestock, dairy, or poultry operation; and

(ii) over 50 percent of the net farm income of the producer is derived from the operation.

(B) YIELD CALCULATION .—The Corporation shall—

(i) for the first year of participation of a producer, provide the assigned yield under this paragraph to the producer of feed or forage; and

(ii) for the second year of participation of the producer, apply the actual production history or assigned yield requirement, as provided in this subsection.

(C) TERMINATION OF AUTHORITY.—The authority provided by this paragraph shall terminate on the date that is 3 years after the effective date of this paragraph.

(4) ADJUSTMENT IN ACTUAL PRODUCTION HISTORY TO ESTABLISH INSURABLE YIELDS.—

(A) APPLICATION.—This paragraph shall apply whenever the Corporation uses the actual production records of the producer to establish the producer's actual production history for an agricultural commodity for any of the 2001 and subsequent crop years.

(B) ELECTION TO USE PERCENTAGE OF TRANSITIONAL YIELD.—If, for one or more of the crop years used to establish the producer's actual production history of an agricultural commodity, the producer's recorded or appraised yield of the commodity was less than 60 percent of the applicable transitional yield, as determined by the Corporation, the Corporation shall, at the election of the producer—

(i) exclude any of such recorded or appraised yield; and—

(ii) (Ⅰ) replace each excluded yield with a yield equal to 60 percent of the applicable transitional yield; or

(Ⅱ) in the case of beginning farmers or ranchers and veteran farmers or ranchers, replace each excluded yield with a yield equal to 80 percent of the applicable transitional yield.

(C) ELECTION TO EXCLUDE CERTAIN HISTORY.—

(i) IN GENERAL.—Notwithstanding paragraph (2), with respect to 1 or more of the crop years used to establish the actual production history of an agricultural commodity of the producer, the producer may elect to exclude any recorded or appraised yield for any crop year in which the per planted acre yield of the agricultural commodity in the county of the producer was at least 50 percent below the simple average of the per planted acre yield of the agricultural commodity in the county during the previous 10 consecutive crop years.

(ii) CONTIGUOUS COUNTIES.—In any crop year that a producer in a county is eligible to make an election to exclude a yield under clause (i), a producer in a contiguous county is eligible to make such an election.

(iii) IRRIGATION PRACTICE.—For purposes of determining whether the per planted acre yield of the agricultural commodity in the county of the producer was at least 50 percent below the simple average of the per planted acre yield of the agricultural commodity in the county during the previous 10 consecutive crop years, the Corporation shall make a separate determination for irrigated and nonirrigated acreage.

(D) PREMIUM ADJUSTMENT.—In the case of a producer that makes an election under subparagraph (B) or (C), the Corporation shall adjust the premium to reflect the risk associated with the adjustment made in the actual production history of the producer.

(5) ADJUSTMENT TO REFLECT INCREASED YIELDS FROM SUCCESSFUL PEST CONTROL EFFORTS.—

(A) SITUATIONS JUSTIFYING ADJUSTMENT.—The Corporation shall develop a methodology for adjusting the actual production history of a producer when each of the following apply:

(i) The producer's farm is located in an area where systematic, area-wide efforts have been undertaken using certain operations or measures, or the producer's farm is a location at which certain operations or measures have been undertaken, to detect, eradicate, suppress, or control, or at least to prevent or retard the spread of, a plant disease or plant pest, including a plant pest (as defined in section 102 of the Department of Agriculture Organic Act of 1944 (7 U.S.C. 147a)).

(ii) The presence of the plant disease or plant pest has been found to adversely affect the yield of the agricultural commodity for which the producer is applying for insurance.

(iii) The efforts described in clause (i) have been effective.

(B) ADJUSTMENT AMOUNT.—The amount by which the Corporation adjusts the actual production history of a producer of an agricultural commodity shall reflect the degree to which the success of the systematic, area-wide efforts described in subparagraph (A), on average, increases the yield of the commodity on the producer's farm, as determined by the Corporation.

(6) CONTINUED AUTHORITY.—

(A) IN GENERAL.—The Corporation shall establish—

(i) underwriting rules that limit the decrease in the actual production history of a producer, at the election of the producer, to not more than 10 percent of the actual production history of the previous crop year provided that the production decline was the result of drought, flood, natural disaster, or other insurable loss (as determined by the Corporation); and

(ii) actuarially sound premiums to cover additional risk.

(B) OTHER AUTHORITY.—The authority provided under subparagraph (A) is in addition to any other authority that adjusts the actual production history of the producer under this Act.

(C) EFFECT.—Nothing in this paragraph shall be construed to require a change in the administration of any provision of this Act as the Act was administered for the 2018 reinsurance year.

(h) SUBMISSION OF POLICIES AND MATERIALS TO BOARD.—

(1) AUTHORITY TO SUBMIT.—

(A) IN GENERAL.—In addition to any standard forms or policies that the Board may require be made available to producers under subsection (c), a person (including an approved insurance provider, a college or university, a cooperative or trade association, or any other person) may prepare for submission or propose to the Board—

(i) other crop insurance policies and provisions of policies; and

(ii) rates of premiums for multiple peril crop insurance pertaining to wheat, soybeans, field corn, and any other crops determined by the Secretary.

(B) REVIEW AND SUBMISSION BY CORPORATION.—

(i) IN GENERAL.—The Corporation shall review any policy developed under section 522(c) or any pilot program developed under section 523 and submit the policy or program to the Board under this subsection if the Corporation, at the sole discretion of the Corporation, finds that the policy or program—

(Ⅰ) subject to clause (ii), will likely result in a viable and marketable policy consistent with this subsection;

(Ⅱ) would provide crop insurance coverage in a significantly improved form; and

(Ⅲ) adequately protects the interests of producers.

(ii) WAIVER FOR HEMP.—The Corporation may waive the viability and marketability requirement under clause (i)(I) in the case of a policy or pilot program relating to the production of hemp.

(2) SUBMISSION OF POLICIES.—A policy or other material submitted to the Board under this subsection may be prepared without regard to the limitations contained in this subtitle, including the requirements concerning the levels of coverage and rates and the requirement that a price level for each commodity insured must equal the expected market price for the commodity as established by the Board.

(3) REVIEW AND APPROVAL BY THE BOARD.—

(A) IN GENERAL.—A policy, plan of insurance, or other material submitted to the Board under this subsection shall be reviewed by the Board and shall be approved by the Board for reinsurance and for sale by approved insurance providers to producers at actuarially appropriate rates and under appropriate terms and conditions if the Board determines that—

(i) the interests of producers are adequately protected;

(ii) the proposed policy or plan of insurance will—

(Ⅰ) provide a new kind of coverage that is likely to be viable and marketable;

(Ⅱ) provide crop insurance coverage in a manner that addresses a clear and identifiable flaw or problem in an existing policy; or

(Ⅲ) provide a new kind of coverage for a commodity that previously had no available crop insurance, or has demonstrated a low level of participation or coverage level under existing coverage; and

(iii) the proposed policy or plan of insurance will not have a significant adverse impact on the crop insurance delivery system.

(B) CONSIDERATION.—In approving policies or plans of insurance, the Board shall in a timely manner—

(i) first, consider policies or plans of insurance that address underserved commodities, including commodities for which there is no insurance;

(ii) second, consider existing policies or plans of insurance for which there is inadequate coverage or there exists low levels of participation; and

(iii) last, consider all policies or plans of insurance submitted to the Board that do not meet the criteria described in clause (i) or (ii).

(C) SPECIFIED REVIEW AND APPROVAL PRIORITIES.—In reviewing policies and other materials submitted to the Board under this subsection for approval, the Board—

(i) shall make the development and approval of a revenue policy for peanut producers a priority so that a revenue policy is available to peanut producers in time for the 2015 crop year;

(ii) shall make the development and approval of a margin coverage policy for rice producers a priority so that a margin coverage policy is available to rice producers in time for the 2015 crop year;

(iii) may approve a submission that is made pursuant to this subsection that would, beginning with the 2015 crop year, allow producers that purchase policies in accordance with subsection (e)(5)(A) to separate enterprise units by risk rating for acreage of crops in counties; and

(iv) in the case of reviewing policies and other materials relating to the production of hemp, may waive the viability and marketability requirement under subparagraph (A)(ii)(I).

(4) GUIDELINES FOR SUBMISSION AND REVIEW.—The Corporation shall issue regulations to establish guidelines for the submission, and Board review, of policies or other material submitted to the Board under this subsection. At a minimum, the guidelines shall ensure the following:

(A) CONFIDENTIALITY.—

(i) IN GENERAL.—A proposal submitted to the Board under this subsection (including any information generated from the proposal) shall be considered to be confidential commercial or financial information for the purposes of section 552(b)(4) of title 5, United States Code.

(ii) STANDARD OF CONFIDENTIALITY.—If information concerning a proposal could be withheld by the Secretary under the standard for privileged or confidential information pertaining to trade secrets and commercial or financial information under section 552(b)(4) of title 5, United States Code, the information shall not be released to the public.

(iii) APPLICATION.—This subparagraph shall apply with respect to a proposal only during the period preceding any approval of the proposal by the Board.

(B) PERSONAL PRESENTATION.—The Board shall provide an applicant with the opportunity to present the proposal to the Board in person if the applicant so desires.

(C) NOTIFICATION OF INTENT TO DISAPPROVE.—

(i) TIME PERIOD.—The Board shall provide an applicant with notification of intent to disapprove a proposal not later than 30 days prior to making the disapproval.

(ii) MODIFICATION OF APPLICATION .—

(Ⅰ) AUTHORITY.—An applicant that receives the notification may modify the application, and such application, as modified, shall be considered by the Board in the manner provided in subparagraph (D) within the 30-day period beginning on the date the modified application is submitted.

(Ⅱ) TIME PERIOD.—Clause (i) shall not apply to the Board's consideration of the modified application.

(iii) EXPLANATION.—Any notification of intent to disapprove a policy or other material submitted under this subsection shall be accompanied by a complete explanation as to the reasons for the Board's intention to deny approval.

(D) DETERMINATION TO APPROVE OR DISAPPROVE POLICIES OR MATERIALS.—

(i) TIME PERIOD.—Not later than 120 days after a policy or other material is submitted under this subsection, the Board shall make a determination to approve or disapprove the policy or material.

(ii) EXPLANATION.—Any determination by the Board to disapprove any policy or other material shall be accompanied by a complete explanation of the reasons for the Board's decision to deny approval.

(iii) FAILURE TO MEET DEADLINE.—Notwithstanding any other provision of this subtitle, if the Board fails to make a determination within the prescribed time period, the submitted policy or other material shall be deemed approved by the Board for the initial reinsurance year designated for the policy or material, unless the Board and the applicant agree to an extension.

(E) CONSULTATION.—

(i) REQUIREMENT.—As part of the feasibility and research associated with the development of a policy or other material for fruits and vegetables, tree nuts, dried fruits, and horticulture and nursery crops (including floriculture), the submitter prior to making a submission under this subsection shall consult with groups representing producers of those agricultural commodities in all major producing areas for the commodities to be served or potentially impacted, either directly or indirectly.

(ii) SUBMISSION TO THE BOARD.—Any submission made to the Board under this subsection shall contain a summary and analysis of the feasibility and research findings from the impacted groups described in clause (i), including a summary assessment of the support for or against development of the policy and an assessment on the impact of the proposed policy to the general marketing and production of the crop from both a regional and national perspective.

(iii) EVALUATION BY THE BOARD.—In evaluating whether the interests of producers are adequately protected pursuant to paragraph (3) with respect to a submission made under this subsection, the Board shall review the information provided pursuant to clause (ii) to determine if the submission will create adverse market distortions with respect to the production of commodities that are the subject of the submission.

(5) PREMIUM SCHEDULE.—

(A) PAYMENT BY CORPORATION.—In the case of a policy or plan of insurance developed and approved under this subsection or section 522, or conducted under section 523 (other than a policy or plan of insurance applicable to livestock), the Corporation shall pay a portion of the premium of the policy or plan of insurance that is equal to—

(i) the percentage, specified in subsection (e) for a similar level of coverage, of the total amount of the premium used to define loss ratio; and

(ii) an amount for administrative and operating expenses determined in accordance with subsection (k)(4).

(B) TRANSITIONAL SCHEDULE.—Effective only during the 2001 reinsurance year, in the case of a policy or plan of insurance developed and approved under this subsection or section 522, or conducted under section 523 (other than a policy or plan of insurance applicable to livestock), and first approved by the Board after the date of the enactment of this subparagraph, the payment by the Corporation of a portion of the premium of the policy may not exceed the dollar amount that would otherwise be authorized under subsection (e) (consistent with subsection (c)(5), as in effect on the day before the date of the enactment of this subparagraph).

(6) ADDITIONAL PREVENTED PLANTING POLICY COVERAGE.—

(A) IN GENERAL.—Beginning with the 1995 crop year,the Corporation shall offer to producers additional prevented planting coverage that insures producers against losses in accordance with this paragraph.

(B) APPROVED INSURANCE PROVIDERS.—Additional prevented planting coverage shall be offered by the Corporation through approved insurance providers.

(C) TIMING OF LOSS.—A crop loss shall be covered by the additional prevented planting coverage if—

(i) crop insurance policies were obtained for—

(Ⅰ) the crop year the loss was experienced; and

(Ⅱ) the crop year immediately preceding the year of the prevented planting loss; and

(ii) the cause of the loss occurred—

(Ⅰ) after the sales closing date for the crop in the crop year immediately preceding the loss; and

(Ⅱ) before the sales closing date for the crop in the year in which the loss is experienced.

(i) ADOPTION OF RATES AND COVERAGES .—

(1) IN GENERAL.—The Corporation shall adopt, as soon as practicable, rates and coverages that will improve the actuarial soundness of the insurance operations of the Corporation for those crops that are determined to be insured at rates that are not actuarially sound, except that no rate may be increased by an amount of more than 20 percent over the comparable rate of the preceding crop year.

(2) REVIEW OF RATING METHODOLOGIES.—To maximize participation in the Federal crop insurance program and to ensure equity for producers, the Corporation shall periodically review the methodologies employed for rating plans of insurance under this subtitle consistent with section 507(c)(2).

(3) ANALYSIS OF RATING AND LOSS HISTORY.—The Corporation shall analyze the rating and loss history of approved policies and plans of insurance for agricultural commodities by area.

(4) PREMIUM ADJUSTMENT.—If the Corporation makes a determination that premium rates are excessive for an agricultural commodity in an area relative to the requirements of subsection (d)(2) for that area, then, for the 2002 crop year (and as necessary thereafter), the Corporation shall

make appropriate adjustments in the premium rates for that area for that agricultural commodity.

(j) CLAIMS FOR LOSSES .—

(1) IN GENERAL.—Under rules prescribed by the Corporation, the Corporation may provide for adjustment and payment of claims for losses. The rules prescribed by the Corporation shall establish standards to ensure that all claims for losses are adjusted, to the extent practicable, in a uniform and timely manner.

(2) DENIAL OF CLAIMS.—

(A) IN GENERAL.—Subject to subparagraph (B), if a claim for indemnity is denied by the Corporation or an approved provider on behalf of the Corporation, an action on the claim may be brought against the Corporation or Secretary only in the United States district court for the district in which the insured farm is located.

(B) STATUTE OF LIMITATIONS.—A suit on the claim may be brought not later than 1 year after the date on which final notice of denial of the claim is provided to the claimant.

(3) INDEMNIFICATION.—The Corporation shall provide approved insurance providers with indemnification, including costs and reasonable attorney fees incurred by the approved insurance provider, due to errors or omissions on the part of the Corporation.

(4) MARKETING WINDOWS.—The Corporation shall consider marketing windows in determining whether it is feasible to require planting during a crop year.

(5) SETTLEMENT OF CLAIMS ON FARM-STORED PRODUCTION.—A producer with farm-stored production may, at the option of the producer, delay settlement of a crop insurance claim relating to the farm-stored production for up to 4 months after the last date on which claims may be submitted under the policy of insurance.

(k) REINSURANCE .—

(1) IN GENERAL.—Notwithstanding any other provision of this subtitle, the Corporation shall, to the maximum extent practicable, provide reinsurance to insurers approved by the Corporation that insure producers of any agricultural commodity under 1 or more plans acceptable to the Corporation.

(2) TERMS AND CONDITIONS.—The reinsurance shall be provided on such terms and conditions as the Board may determine to be consistent with subsections (b) and (c) and sound reinsurance principles.

(3) SHARE OF RISK.—The reinsurance agreements of the Corporation with the reinsured companies shall require the reinsured companies to bear a sufficient share of any potential loss under the agreement so as to ensure

that the reinsured company will sell and service policies of insurance in a sound and prudent manner, taking into consideration the financial condition of the reinsured companies and the availability of private reinsurance.

(4) RATE.—

(A) IN GENERAL.—Except as otherwise provided in this paragraph, the rate established by the Board to reimburse approved insurance providers and agents for the administrative and operating costs of the providers and agents shall not exceed—

(i) for the 1998 reinsurance year, 27 percent of the premium used to define loss ratio; and

(ii) for each of the 1999 and subsequent reinsurance years, 24.5 percent of the premium used to define loss ratio.

(B) PROPORTIONAL REDUCTIONS.—A policy of additional coverage that received a rate of reimbursement for administrative and operating costs for the 1998 reinsurance year that is lower than the rate specified in subparagraph (A)(i) shall receive a reduction in the rate of reimbursement that is proportional to the reduction in the rate of reimbursement between clauses (i) and (ii) of subparagraph (A).

(C) OTHER REDUCTIONS.—Beginning with the 2002 reinsurance year, in the case of a policy or plan of insurance approved by the Board that was not reinsured during the 1998 reinsurance year but, had it been reinsured, would have received a reduced rate of reimbursement during the 1998 reinsurance year, the rate of reimbursement for administrative and operating costs established for the policy or plan of insurance shall take into account the factors used to determine the rate of reimbursement for administrative and operating costs during the 1998 reinsurance year, including the expected difference in premium and actual administrative and operating costs of the policy or plan of insurance relative to an individual yield policy or plan of insurance and other appropriate factors, as determined by the Corporation.

(D) TIME FOR REIMBURSEMENT.—Effective beginning with the 2012 reinsurance year, the Corporation shall reimburse approved insurance providers and agents for the allowable administrative and operating costs of the providers and agents as soon as practicable after October 1 (but not later than October 31) after the reinsurance year for which reimbursements are earned.

(E) REIMBURSEMENT RATE REDUCTION.—In the case of a policy of additional coverage that received a rate of reimbursement for administrative and operating costs for the 2008 reinsurance year, for each of the 2009 and subsequent reinsurance years, the reimbursement rate for administrative and operating costs shall be 2.3 percentage points below the rates in effect as of the date of enactment of the Food, Conservation, and Energy Act of 2008 for all crop insurance policies used to define loss ratio, except that only 1/2 of the reduction shall apply in a reinsurance year to the total premium written in a State in which the State loss ratio is greater than 1.2.

(F) REIMBURSEMENT RATE FOR AREA POLICIES AND PLANS OF INSURANCE.—Notwithstanding subparagraphs (A) through (E), for each of the 2009 and subsequent reinsurance years, the reimbursement rate for area policies and plans of insurance widely available as of the date of enactment of this subparagraph or authorized under subsection (c)(4)(C) or section 508B shall be 12 percent of the premium used to define loss ratio for that reinsurance year.

(5) COST AND REGULATORY REDUCTION.—Consistent with section 118 of the Federal Crop Insurance Reform Act of 1994, and consistent with maintenance of program integrity, prevention of fraud and abuse, the need for program expansion, and improvement of quality of service to customers, the Board shall alter program procedures and administrative requirements in order to reduce the administrative and operating costs of approved insurance providers and agents in an amount that corresponds to any reduction in the reimbursement rate required under paragraph (4) during the 5-year period beginning on the date of enactment of this paragraph.

(6) AGENCY DISCRETION.—The determination of whether the Corporation is achieving, or has achieved, corresponding administrative cost savings shall not be subject to administrative review, and is wholly committed to agency discretion within the meaning of section 701(a)(2) of title 5, United States Code.

(7) PLAN.—The Corporation shall submit to Congress a plan outlining the measures that will be used to achieve the reduction required under paragraph (5). If the Corporation can identify additional cost reduction measures, the Corporation shall describe the measures in the plan.

(8) RENEGOTIATION OF STANDARD REINSURANCE AGREEMENT.—

(A) IN GENERAL.—Except as provided in subparagraph (B), notwithstanding section 536 of the Agricultural Research, Extension, and Education Reform Act of 1998 (7 U.S.C. 1506 note; Public Law 105-185) and section 148 of the Agricultural Risk Protection Act of 2000 (7 U.S.C. 1506 note; Public Law 106–224), the Corporation may renegotiate the financial terms and conditions of each Standard Reinsurance Agreement—

(i) to be effective for the 2011 reinsurance year beginning July 1, 2010; and

(ii) once during each period of 5 reinsurance years thereafter.

(B) EXCEPTIONS.—

(i) ADVERSE CIRCUMSTANCES.—Subject to clause (ii), subparagraph (A) shall not apply in any case in which the approved insurance providers, as a whole, experience unexpected adverse circumstances, as determined by the Secretary.

(ii) EFFECT OF FEDERAL LAW CHANGES.—If Federal law is enacted after the date of enactment of this paragraph that requires revisions in the financial terms of the Standard Reinsurance Agreement, and changes in the Agreement are made on a mandatory basis by the Corporation, the changes shall not be considered to be a renegotiation of the Agreement for purposes of subparagraph (A).

(C) NOTIFICATION REQUIREMENT.—If the Corporation renegotiates a Standard Reinsurance Agreement under subparagraph (A)(ii), the Corporation shall notify the Committee on Agriculture of the House of Representatives and the Committee on Agriculture, Nutrition, and Forestry of the Senate of the renegotiation.

(D) CONSULTATION.—The approved insurance providers may confer with each other and collectively with the Corporation during any renegotiation under subparagraph (A).

(E) 2011 REINSURANCE YEAR.—

(i) IN GENERAL.—As part of the Standard Reinsurance Agreement renegotiation authorized under subparagraph (A)(i), the Corporation shall consider alternative methods to determine reimbursement rates for administrative and operating costs.

(ii) ALTERNATIVE METHODS.—Alternatives considered under clause (i) shall include—

(Ⅰ) methods that—

(aa) are graduated and base reimbursement rates in a State on changes in premiums in that State;

(bb) are graduated and base reimbursement rates in a State on the loss ratio for crop insurance for that State; and

(cc) are graduated and base reimbursement rates on individual policies on the level of total premium for each policy; and

(Ⅱ) any other method that takes into account current financial conditions of the program and ensures continued availability of the program to producers on a nationwide basis.

(F) BUDGET.—

(i) IN GENERAL.—The Board shall ensure that any Standard Reinsurance Agreement negotiated under subparagraph (A)(ii) shall—

(Ⅰ) to the maximum extent practicable, be estimated as budget neutral with respect to the total amount of payments described in paragraph (9) as compared to the total amount of such payments estimated to be made under the immediately preceding Standard Reinsurance Agreement if that Agreement were extended over the same period of time;

(Ⅱ) comply with the applicable provisions of this Act establishing the rates of reimbursement for administrative and operating costs for approved insurance providers and agents, except that, to the maximum extent practicable, the estimated total amount of reimbursement for those costs shall not be less than the total amount of the payments to be made under the immediately preceding Standard Reinsurance Agreement if that Agreement were extended over the same period of time, as estimated on the date of enactment of the Agricultural Act of 2014; and

(Ⅲ) in no event significantly depart from budget neutrality unless otherwise required by this Act.

(ii) USE OF SAVINGS.—To the extent that any budget savings are realized in the renegotiation of a Standard Reinsurance Agreement under subparagraph (A)(ii), and the savings are determined not to be a significant departure from budget neutrality under clause (i), the savings shall be used to increase reimbursements or payments described under paragraphs (4) and (9).

(9) DUE DATE FOR PAYMENT OF UNDERWRITING GAINS.—Effective beginning with the 2011 reinsurance year, the Corporation shall make payments for underwriting gains under this subtitle on—

(A) for the 2011 reinsurance year, October 1, 2012; and

(B) for each reinsurance year thereafter, October 1 of the following calendar year.

(l) OPTIONAL COVERAGES.—The Corporation may offer specific risk protection programs, including protection against prevented planting, wildlife depredation, tree damage and disease, and insect infestation, under such terms and conditions as the Board may determine, except that no program may be undertaken if insurance for the specific risk involved is generally available from private companies.

(m) QUALITY LOSS ADJUSTMENT COVERAGE .—

(1) EFFECT OF COVERAGE.—If a policy or plan of insurance offered under this subtitle includes quality loss adjustment coverage, the coverage shall provide for a reduction in the quantity of production of the agricultural commodity considered produced during a crop year, or a similar adjustment, as a result of the agricultural commodity not meeting the quality standards established in the policy or plan of insurance.

(2) ADDITIONAL QUALITY LOSS ADJUSTMENT.—

(A) PRODUCER OPTION.—Notwithstanding any other provision of law, in addition to the quality loss adjustment coverage available under paragraph (1), the Corporation shall offer producers the option of purchasing quality loss adjustment coverage on a basis that is smaller than a unit with respect to an agricultural commodity that satisfies each of the following:

(i) The agricultural commodity is sold on an identity-preserved basis.

(ii) All quality determinations are made solely by the Federal agency designated to grade or classify the agricultural commodity.

(iii) All quality determinations are made in accordance with standards published by the Federal agency in the Federal Register.

(iv) The discount schedules that reflect the reduction in quality of the agricultural commodity are established by the Secretary.

(B) BASIS FOR ADJUSTMENT .—Under this paragraph,the Corporation shall set the quality standards below which quality losses will be paid based on the variability of the grade of the agricultural commodity from the base quality for the agricultural commodity.

(3) REVIEW OF CRITERIA AND PROCEDURES.—

(A) REVIEW.—The Corporation shall contract with a qualified person to review the quality loss adjustment procedures of the Corporation so that the procedures more accurately reflect local quality discounts that are applied to agricultural commodities insured under this subtitle.

(B) PROCEDURES.—Effective beginning not later than the 2004 reinsurance year, based on the review, the Corporation shall make adjustments in the procedures, taking into consideration the actuarial soundness of the adjustment and the prevention of fraud, waste, and abuse.

(4) QUALITY OF AGRICULTURAL COMMODITIES DELIVERED TO WAREHOUSE OPERATORS.—In administering this subtitle, the Secretary shall accept, in the same manner and under the same terms and

conditions, evidence of the quality of agricultural commodities delivered to—

(A) warehouse operators that are licensed under the United States Warehouse Act (7 U.S.C. 241 et seq.);

(B) warehouse operators that—

(i) are licensed under State law; and

(ii) have entered into a storage agreement with the Commodity Credit Corporation; and

(C) warehouse operators that—

(i) are not licensed under State law but are in compliance with State law regarding warehouses; and

(ii) have entered into a commodity storage agreement with the Commodity Credit Corporation.

(5) SPECIAL PROVISIONS FOR MALTING BARLEY.—The Corporation shall promulgate special provisions under this subsection specific to malting barley, taking into consideration any changes in quality factors, as required by applicable market conditions.

(6) TEST WEIGHT FOR CORN.—

(A) IN GENERAL.—The Corporation shall establish procedures to allow insured producers not more than 120 days to settle claims, in accordance with procedures established by the Secretary, involving corn that is determined to have low test weight.

(B) IMPLEMENTATION.—As soon as practicable after the date of enactment of this paragraph, the Corporation shall implement subparagraph (A) on a regional basis based on market conditions and the interests of producers.

(C) TERMINATION OF EFFECTIVENESS.—The authority provided by this paragraph terminates effective on the date that is 5 years after the date on which subparagraph (A) is implemented.

(n) LIMITATION ON MULTIPLE BENEFITS FOR SAME LOSS .—

(1) IN GENERAL.—Except as provided in paragraph (2), if a producer who is eligible to receive benefits under catastrophic risk protection under subsection (b) is also eligible to receive assistance for the same loss under any other program administered by the Secretary, the producer shall be required to elect whether to receive benefits under this subtitle or under the other program, but not both. A producer who purchases additional coverage under subsection (c) may also receive assistance for the same loss under other programs administered by the Secretary, except that the amount received for the loss under the additional coverage together with the amount received under the other programs may not exceed the amount of the actual loss of the producer.

(2) EXCEPTION.—Paragraph (1) shall not apply to emergency loans under subtitle C of the Consolidated Farm and Rural Development Act (7 U.S.C. 1961 et seq.).

(o) CROP PRODUCTION ON NATIVE SOD .—

(1) DEFINITION OF NATIVE SOD.—In this subsection, the term "native sod"means land—

(A) on which the plant cover is composed principally of native grasses, grasslike plants, forbs, or shrubs suitable for grazing and browsing; and

(B) that has never been tilled, or the producer cannot substantiate that the ground has ever been tilled, for the production of an annual crop as of the date of enactment of this subsection.

(2) REDUCTION IN BENEFITS.—

(A) IN GENERAL.—

(i) FIRST 4 CROP YEARS.—During the first 4 crop years of planting, as determined by the Secretary, native sod acreage that has been tilled for the production of an annual crop beginning on February 8, 2014, and ending on the date of enactment of the Agriculture Improvement Act of 2018 shall be subject to a reduction in benefits under this subtitle as described in this paragraph.

(ii) SUBSEQUENT CROP YEARS.—Native sod acreage that has been tilled for the production of an insurable crop after the date of enactment of the Agriculture Improvement Act of 2018 shall be subject to a reduction in benefits under this subtitle as described in this paragraph for not more than 4 cumulative years—

(Ⅰ) during the first 10 years after initial tillage; and

(Ⅱ) during each of which a crop on that acreage is insured under subsection (c).

(B) DE MINIMIS ACREAGE EXEMPTION.—The Secretary shall exempt areas of 5 acres or less from subparagraph (A).

(C) ADMINISTRATION.—

(i) REDUCTION.—For purposes of the reduction in benefits for the acreage described in subparagraph (A)—

(Ⅰ) the crop insurance guarantee shall be determined by using a yield equal to 65 percent of the transitional yield of the producer; and

(Ⅱ) the crop insurance premium subsidy provided for the producer under this subtitle, except for coverage authorized pursuant to subsection (b)(1), shall be 50 percentage points less than the premium subsidy that would otherwise apply.

(ii) YIELD SUBSTITUTION.—During the period native sod acreage is covered by this subsection, a producer may not substitute yields for the native sod.

(3) APPLICATION.—This subsection shall only apply to native sod acreage in the States of Minnesota, Iowa, North Dakota, South Dakota, Montana, and Nebraska.

(p) COVERAGE LEVELS BY PRACTICE.—Beginning with the 2015 crop year, a producer that produces an agricultural commodity on both dry land and irrigated land may elect a different coverage level for each production practice.

SEC. 508A. [7 U.S.C. 1508a] DOUBLE INSURANCE AND PREVENTED PLANTING.

(a) DEFINITIONS.—In this section:

(1) FIRST CROP.—The term"first crop"means the first crop of the first agricultural commodity planted for harvest, or prevented from being planted, on specific acreage during a crop year and insured under this subtitle.

(2) SECOND CROP.—The term"second crop"means a second crop of the same agricultural commodity as the first crop, or a crop of a different agricultural commodity following the first crop, planted on the same acreage as the first crop for harvest in the same crop year, except the term does not include a replanted crop.

(3) REPLANTED CROP.—The term "replanted crop" means any agricultural commodity replanted on the same acreage as the first crop for harvest in the same crop year if the replanting is required by the terms of the policy of insurance covering the first crop.

(b) DOUBLE INSURANCE.—

(1) OPTIONS ON LOSS TO FIRST CROP.—Except as provided in subsections (d) and (e), if a first crop insured under this subtitle in a crop year has a total or partial insurable loss, the producer of the first crop may elect one of the following options:

(A) NO SECOND CROP PLANTED .—The producer may—

(i) elect to not plant a second crop on the same acreage for harvest in the same crop year; and

(ii) collect an indemnity payment that is equal to 100 percent of the insurable loss for the first crop.

(B) SECOND CROP PLANTED.—The producer may—

(i) plant a second crop on the same acreage for harvest in the same crop year; and

(ii) collect an indemnity payment established by the Corporation for the first crop, but not to exceed 35 percent of the insurable loss for the first crop.

(2) EFFECT OF NO LOSS TO SECOND CROP.—If a producer makes an election under paragraph (1)(B) and the producer does not suffer an insurable loss to the second crop, the producer may collect an indemnity payment for the first crop that is equal to—

(A) 100 percent of the insurable loss for the first crop; less

(B) the amount previously collected under paragraph (1)(B)(ii).

(3) PREMIUM FOR FIRST CROP IF SECOND CROP PLANTED.—

(A) INITIAL PREMIUM.—If a producer makes an election under paragraph (1)(B), the producer shall be responsible for a premium for the first crop that is commensurate with the indemnity paid under paragraph (1)(B)(ii). The Corporation shall adjust the total premium for the first crop to reflect the reduced indemnity.

(B) EFFECT OF NO LOSS TO SECOND CROP.—If the producer makes an election under paragraph (1)(B) and the producer does not suffer an insurable loss to the second crop, the producer shall be responsible for a premium for the first crop that is equal to—

(i) the full premium owed by the producer for the first crop; less

(ii) the amount of premium previously paid under subparagraph (A).

(c) PREVENTED PLANTING COVERAGE .—

(1) OPTIONS ON LOSS TO FIRST CROP.—Except as provided in subsections (d) and (e), if a first crop insured under this subtitle in a crop year is prevented from being planted, the producer of the first crop may elect one of the following options:

(A) NO SECOND CROP PLANTED.—The producer may—

(i) elect to not plant a second crop on the same acreage for harvest in the same crop year; and

(ii) subject to paragraph (4), collect an indemnity payment that is equal to 100 percent of the prevented planting guarantee for the acreage for the first crop.

(B) SECOND CROP PLANTED.—The producer may—

(i) plant a second crop on the same acreage for harvest in the same crop year; and

(ii) subject to paragraphs (4) and (5), collect an indemnity payment established by the Corporation for the first crop, but not to exceed 35 percent of the prevented planting guarantee for the acreage for the first crop.

(2) PREMIUM FOR FIRST CROP IF SECOND PLANTED.—If the producer makes an election under paragraph (1)(B), the producer shall pay a premium for the first crop that is commensurate with the indemnity paid under paragraph (1)(B)(ii). The Corporation shall adjust the total premium for the first crop to reflect the reduced indemnity.

(3) EFFECT ON ACTUAL PRODUCTION HISTORY.—Except in the case of double cropping described in subsection (d), if a producer make an election under paragraph (1)(B) for a crop year, the Corporation shall assign the producer a recorded yield for that crop year for the first crop equal to 60 percent of the producer's actual production history for the agricultural commodity involved, for purposes of determining the producer's actual production history for subsequent crop years.

(4) AREA CONDITIONS REQUIRED FOR PAYMENT.—The Corporation shall limit prevented planting payments for producers to those situations in which other producers, in the area where a first crop is prevented from being planted is located, are also generally affected by the conditions that prevented the first crop from being planted.

(5) PLANTING DATE.—If a producer plants the second crop before the latest planting date established by the Corporation for the first crop, the Corporation shall not make a prevented planting payment with regard to the first crop.

(d) EXCEPTION FOR ESTABLISHED DOUBLE CROPPING PRACTICES.—A producer may receive full indemnity payments on two or more crops planted for harvest in the same crop year and insured under this subtitle if each of the following conditions are met:

(1) There is an established practice of planting two or more crops for harvest in the same crop year in the area, as determined by the Corporation.

(2) An additional coverage policy or plan of insurance is offered with respect to the agricultural commodities planted on the same acreage for harvest in the same crop year in the area.

(3) The producer has a history of planting two or more crops for harvest in the same crop year or the applicable acreage has historically had two or more crops planted for harvest in the same crop year.

(4) The second or more crops are customarily planted after the first crop for harvest on the same acreage in the same year in the area.

(e) SUBSEQUENT CROPS.—Except in the case of double cropping described in subsection (d), if a producer elects to plant a crop (other than a replanted crop) subsequent to a second crop on the same acreage as the first crop and second crop for harvest in the same crop year, the producer shall not be eligible for insurance under this subtitle, or noninsured crop assistance under section 196 of the Agricultural Market Transition Act (7 U.S.C. 7333), for the subsequent crop.

SEC. 508B. [7 U.S.C. 1508b] STACKED INCOME PROTECTION PLAN FOR PRODUCERS OF UPLAND COTTON.

(a) AVAILABILITY.—Beginning not later than the 2015 crop of upland cotton, the Corporation shall make available to producers of upland cotton an additional policy (to be known as the "Stacked Income Protection Plan"), which shall provide coverage consistent with the Group Risk Income Protection Plan (and the associated Harvest Revenue Option Endorsement) offered by the Corporation for the 2011 crop year.

(b) REQUIRED TERMS.—The Corporation may modify the Stacked Income Protection Plan on a program-wide basis, except that the Stacked Income Protection Plan shall comply with the following requirements:

(1) Provide coverage for revenue loss of not less than 10 percent and not more than 30 percent of expected county revenue, specified in increments of 5 percent. The deductible shall be the minimum percent of revenue loss at which indemnities are triggered under the plan, not to be less than 10 percent of the expected county revenue.

(2) Be offered to producers of upland cotton in all counties with upland cotton production—

(A) at a county-wide level to the fullest extent practicable; or

(B) in counties that lack sufficient data, on the basis of such larger geographical area as the Corporation determines to provide sufficient data for purposes of providing the coverage.

(3) Be purchased in addition to any other individual or area coverage in effect on the producer's acreage or as a standalone policy, except that if a producer has an individual or area coverage for the same acreage, the maximum coverage available under the Stacked Income Protection Plan shall not exceed the deductible for the individual or area coverage.

(4) Establish coverage based on—

(A) the expected price established under existing Group Risk Income Protection or area wide policy offered by the Corporation for the applicable county (or area) and crop year; and

(B) an expected county yield that is the higher of—

(i) the expected county yield established for the existing area-wide plans offered by the Corporation for the applicable county (or area) and crop year (or, in geographic areas where area-wide plans are not offered, an expected yield determined in a manner consistent with those of area-wide plans); or

(ii) the average of the applicable yield data for the county (or area) for the most recent 5 years, excluding the highest and lowest observations, from the Risk Management Agency or the National Agricultural Statistics Service (or both) or, if sufficient county data is not available, such other data considered appropriate by the Secretary.

(5) Use a multiplier factor to establish maximum protection per acre (referred

to as a "protection factor") of not less than the higher of the level established on a program wide basis or 120 percent.

(6) Pay an indemnity based on the amount that the expected county revenue exceeds the actual county revenue, as applied to the individual coverage of the producer. Indemnities under the Stacked Income Protection Plan shall not include or overlap the amount of the deductible selected under paragraph (1).

(7) In all counties for which data are available, establish separate coverage levels for irrigated and nonirrigated practices.

(c) PREMIUM.—Notwithstanding section 508(d), the premium for the Stacked Income Protection Plan shall—

(1) be sufficient to cover anticipated losses and a reasonable reserve; and

(2) include an amount for operating and administrative expenses established in accordance with section 508(k)(4)(F).

(d) PAYMENT OF PORTION OF PREMIUM BY CORPORATION.—Subject to section 508(e)(4), the amount of premium paid by the Corporation for all qualifying coverage levels of the Stacked Income Protection Plan shall be—

(1) 80 percent of the amount of the premium established under subsection (c) for the coverage level selected; and

(2) the amount determined under subsection (c)(2), subject to section 508(k)(4)(F), for the coverage to cover administrative and operating expenses.

(e) RELATION TO OTHER COVERAGES.—The Stacked Income Protection Plan is in addition to all other coverages available to producers of upland cotton.

(f) LIMITATION.—Effective beginning with the 2019 crop year, a farm shall not be eligible for the Stacked Income Protection Plan for upland cotton for a crop year for which the farm is enrolled in coverage for seed cotton under—

(1) price loss coverage under section 1116 of the Agricultural Act of 2014 (7 U.S.C. 9016); or

(2) agriculture risk coverage under section 1117 of that Act (7 U.S.C. 9017).

SEC. 508C. [7 U.S.C. 1508c] PEANUT REVENUE CROP INSURANCE.

(a) IN GENERAL.—Effective beginning with the 2015 crop year, the Risk Management Agency and the Corporation shall make available to producers of peanuts a revenue crop insurance program for peanuts.

(b) EFFECTIVE PRICE.—Subject to subsection (c), for purposes of the revenue crop insurance program and the multiperil crop insurance program under this Act, the effective price for peanuts shall be equal to the Rotterdam price index for peanuts or other appropriate price as determined by the Secretary, as adjusted to reflect the farmer stock price of peanuts in the United States.

(c) ADJUSTMENTS.—

(1) IN GENERAL.—The effective price for peanuts estab-lished under subsection (b) may be adjusted by the Risk Management Agency and the Corporation to correct distortions.

(2) ADMINISTRATION.—If an adjustment is made under paragraph (1), the Risk Management Agency and the Corporation shall—

(A) make the adjustment in an open and transparent manner; and

(B) submit to the Committee on Agriculture of the House of Representatives and the Committee on Agriculture, Nutrition, and Forestry of the Senate a report that describes the reasons for the adjustment.

SEC. 508D. [7 U.S.C. 1508d] COVERAGE FOR FORAGE AND GRAZING.

Notwithstanding section 508A, and in addition to any other available coverage, for crops that can be both grazed and mechanically harvested on the same acres during the same growing season, producers shall be allowed to purchase separate policies for each intended use, as determined by the Corporation, and any indemnity paid under those policies for each intended use shall not be considered to be for the same loss for the purposes of section 508(n).

INDEMNITIES EXEMPT FROM LEVY

SEC. 509. [7 U.S.C. 1509] Claims for indemnities under this subtitle shall not be liable to attachment, levy, garnishment, or any other legal process before payment to the insured or to deduction on account of the indebtedness of the insured or the estate of the insured to the United States except claims of the United States or the Corporation arising under this subtitle.

DEPOSIT OF FUNDS

SEC. 510. [7 U.S.C. 1510] All money of the Corporation not otherwise employed may be deposited with the Treasurer of the United States or in any bank approved by the Secretary of the Treasury, subject to withdrawal by the Corporation at any time, or with the approval of the Secretary of the Treasury may be invested in obligations of the United States or in obligations guaranteed as to principal and interest by the United States. Subject to the approval of the Secretary of the Treasury, the Federal Reserve banks are hereby authorized and directed to act as depositories, custodians, and fiscal agents for the Corporation in the performance of its powers conferred by this subtitle.

TAX EXEMPTION

SEC. 511. [7 U.S.C. 1511] The Corporation, including its franchise, its capital, reserves, and surplus, and its income and property, shall be exempt from all taxation now or hereafter imposed by the United States or by any Territory, dependency, or possession thereof, or by any State, county, municipality or local taxing authority. A contract of insurance of the Corporation, and a contract of insurance reinsured by the Corporation, shall be exempt from taxation imposed by any State, municipality, or local taxing authority.

FISCAL AGENCY OF GOVERNMENT

SEC. 512. [7 U.S.C. 1512] When designated for that purpose by the Secretary of the Treasury, the Corporation shall be a depository of public money, except receipts from customs, under such regulations as may be prescribed by said Secretary; and it may also be employed as a financial agent of the Government; and it shall perform all such reasonable duties, as a depository of public money and financial agent of the Government, as may be required of it.

ACCOUNTING BY CORPORATION

SEC. 513. [7 U.S.C. 1513] The Corporation shall at all times maintain complete and accurate books of account and shall file annually with the Secretary a complete report as to the business of the Corporation.

CRIMES AND OFFENSES

SEC. 514. [7 U.S.C. 1514] [Subsections (a) through (e) repealed by 62 Stat. 859. See criminal provisions at the end of this Act.]

(f) The provisions of section 22 of title 41 shall not apply to any crop insurance agreements made under this subtitle.

SEC. 515. [7 U.S.C. 1515] PROGRAM COMPLIANCE AND INTEGRITY.

(a) PURPOSE.—

(1) IN GENERAL.—The purpose of this section is to improve compliance with, and the integrity of, the Federal crop insurance program.

(2) ROLE OF INSURANCE PROVIDERS.—The Corporation shall work actively with approved insurance providers to address program compliance and integrity issues as such issues develop.

(b) NOTIFICATION OF COMPLIANCE PROBLEMS.—

(1) NOTIFICATION OF ERRORS, OMISSIONS, AND FAILURES.— The Corporation shall notify in writing an approved insurance provider of any error, omission, or failure to follow Corporation regulations or procedures for which the approved insurance provider may be responsible and which may result in a debt owed the Corporation.

(2) TIME FOR NOTIFICATION.—Notice under paragraph (1) shall be given within 3 years after the end of the insurance period during which the error, omission, or failure is alleged to have occurred, except that this time limitation shall not apply with respect to an error, omission, or procedural violation that is willful or intentional.

(3) EFFECT OF FAILURE TO TIMELY NOTIFY.—Except as provided in paragraph (2), the failure to timely provide the notice required under this subsection shall relieve the approved insurance provider from the debt owed the Corporation.

(c) RECONCILING PRODUCER INFORMATION.—

(1) IN GENERAL.—The Secretary shall develop and implement a coordinated plan for the Corporation and the Farm Service Agency to reconcile all relevant information received by the Corporation or the Farm Service Agency from a producer who obtains crop insurance coverage under this subtitle.

(2) FREQUENCY.—Beginning with the 2001 crop year, the Secretary shall require that the Corporation and the Farm Service Agency reconcile such producer-derived information on at least an annual basis in order to identify and address any discrepancies.

(3) CORRECTIONS.—

(A) IN GENERAL.—In addition to the corrections permitted by the Corporation as of the day before the date of enactment of the Agricultural Act of 2014, the Corporation shall establish procedures that allow an agent or an approved insurance provider, subject to subparagraph (B)—

(i) within a reasonable amount of time following the applicable sales closing date, to correct errors in information that is provided by a producer for the purpose of obtaining coverage under any policy or plan of insurance made available under this subtitle to ensure that the eligibility information is correct and consistent with information reported by the producer for other programs administered by the Secretary;

(ii) within a reasonable amount of time following—

(Ⅰ) the acreage reporting date, to reconcile errors in the information reported by the producer with correct information determined from any other program administered by the Secretary; or

(Ⅱ) the date of any subsequent correction of data by the Farm Service Agency made as a result of the verification of information, to make conforming corrections; and

(iii) at any time, to correct electronic transmission errors that were made by an agent or approved insurance provider, or such errors made by the Farm Service Agency or any other agency of the Department of Agriculture in transmitting the information provided by the producer for purposes of other programs of the Department to the extent an agent or approved insurance provider relied upon the erroneous information for crop insurance purposes.

(B) LIMITATION.—In accordance with the procedures of the Corporation, correction to the information described in clauses (i) and (ii) of subparagraph (A) may only be made if the corrections do not allow the producer—

(i) to avoid ineligibility requirements for insurance or obtain a disproportionate benefit under the crop insurance program or any related program administered by the Secretary;

(ii) to obtain, enhance, or increase an insurance guarantee or indemnity if a cause of loss exists or has occurred before any correction has been made, or avoid premium owed if no loss is likely to occur; or

(iii) to avoid an obligation or requirement under any Federal or State law.

(C) EXCEPTION TO LATE FILING SANCTIONS.—Any corrections made within a reasonable amount of time, in accordance with established procedures, pursuant to this paragraph shall not be subject to any late filing sanctions authorized in the reinsurance agreement with the Corporation.

(D) LATE PAYMENT OF DEBT.—In the case of a producer that has inadvertently failed to pay a debt due as specified by regulations of the Corporation and has been determined to be ineligible for crop insurance pursuant to the terms of the policy as a result of that failure, the Corporation may determine to allow the producer to pay the debt and purchase the crop insurance after the sales closing date, in accordance with procedures and limitations established by the Corporation.

(d) IDENTIFICATION AND ELIMINATION OF FRAUD, WASTE, AND ABUSE.—

(1) FSA MONITORING PROGRAM.—The Secretary shall develop and implement a coordinated plan for the Farm Service Agency to assist the Corporation in the ongoing monitoring of programs carried out under this subtitle, including—

(A) at the request of the Corporation or, subject to paragraph (2), on its own initiative if the Farm Service Agency has reason to suspect the existence of program fraud, waste, or abuse, conducting fact finding relative to allegations of program fraud, waste, or abuse;

(B) reporting to the Corporation, in writing in a timely manner, the results of any fact finding conducted pursuant to subparagraph (A), any allegation of fraud, waste, or abuse, and any identified program vulnerabilities;

(C) assisting the Corporation and approved insurance providers in auditing a statistically appropriate number of claims made under any policy or plan of insurance under this subtitle; and

(D) using published aggregate data from the National Agricultural

Statistics Service or any other data source to—

(i) detect yield disparities or other data anomalies that indicate potential fraud; and

(ii) target the relevant counties, crops, regions, companies, or agents associated with that potential fraud for audits and other enforcement actions.

(2) FSA INQUIRY.—If, within five calendar days after receiving a report submitted under paragraph (1)(B), the Corporation does not provide a written response that describes the intended actions of the Corporation, the Farm Service Agency may conduct its own inquiry into the alleged program fraud, waste, or abuse on approval from the State director of the Farm Service Agency of the State in which the alleged fraud, waste, or abuse occurred. If as a result of the inquiry, the Farm Service Agency concludes further investigation is warranted, but the Corporation declines to proceed with the investigation, the Farm Service Agency may refer the matter to the Inspector General of the Department of Agriculture.

(3) USE OF FIELD INFRASTRUCTURE.—The plan required by paragraph (1) shall provide for the use of the field infrastructure of the Farm Service Agency. The Secretary shall ensure that relevant Farm Service Agency personnel are appropriately trained for any responsibilities assigned to the personnel under the plan. At a minimum, the personnel shall receive the same level of training and pass the same basic competency tests as required of loss adjusters of approved insurance providers.

(4) MAINTENANCE OF PROVIDER EFFORT.—

(A) IN GENERAL.—The activities of the Farm Service Agency under this subsection do not affect the responsibility of approved insurance providers to conduct any audits of claims or other program reviews required by the Corporation.

(B) NOTIFICATION OF PROVIDERS.—The Corporation shall notify the appropriate approved insurance provider of a report from the Farm Service Agency regarding alleged program fraud, waste, or abuse, unless the provider is suspected to be included in, or a party to, the alleged fraud, waste, or abuse.

(C) RESPONSE.—An approved insurance provider that receives a notice under subparagraph (B) shall submit a report to the Corporation, within an appropriate time period determined by the Secretary, describing the actions taken by the provider to investigate the allegations of program fraud, waste, or abuse contained in the notice.

(5) CORPORATION RESPONSE TO PROVIDER REPORTS.—

(A) PROMPT RESPONSE.—If an approved insurance provider reports to the Corporation that the approved insurance provider suspects intentional misrepresentation, fraud, waste, or abuse, the Corporation shall make a determination and provide, within 90 calendar days after receiving the report, a written response that describes the intended actions of the Corporation.

(B) COOPERATIVE EFFORT.—The approved insurance provider and the Corporation shall take coordinated action in any case where misrepresentation, fraud, waste, or abuse is alleged.

(C) FAILURE TO TIMELY RESPOND.—If the Corporation fails to respond as required by subparagraph (A), an approved insurance provider may request the Farm Service Agency to assist the provider in an inquiry into the alleged program fraud, waste, or abuse.

(e) CONSULTATION WITH STATE FSA COMMITTEES.—The Secretary shall establish procedures under which the Corporation shall consult with the State committee of the Farm Service Agency for a State with respect to policies, plans of insurance, and material related to such policies or plans of insurance (including applicable sales closing dates, assigned yields, and transitional yields) offered in that State under this subtitle.

(f) DETECTION OF DISPARATE PERFORMANCE.—

(1) COVERED ACTIVITIES.—The Secretary shall establish procedures under which the Corporation will be able to identify the following:

(A) Any agent engaged in the sale of coverage offered under this subtitle where the loss claims associated with such sales by the agent are equal to or greater than 150 percent (or an appropriate percentage specified by the Corporation) of the mean for all loss claims associated with such sales by all other agents operating in the same area, as determined by the Corporation.

(B) Any person performing loss adjustment services relative to coverage offered under this subtitle where such loss adjustments performed by the person result in accepted or denied claims equal to or greater than 150 percent (or an appropriate percentage specified by the Corporation) of the mean for accepted or denied claims (as applicable) for all other persons performing loss adjustment services in the same area, as determined by the Corporation.

(2) REVIEW.—

(A) REVIEW REQUIRED.—The Corporation shall conduct a review of any agent identified under paragraph (1)(A), and any person identified under paragraph (1)(B), to determine whether the higher loss claims associated with the agent or the higher number of accepted or denied claims (as applicable) associated with the person are the result of fraud, waste, or abuse.

(B) REMEDIAL ACTION.—The Corporation shall take appropriate

remedial action with respect to any occurrence of fraud, waste, or abuse identified in a review conducted under this paragraph.

(3) OVERSIGHT OF AGENTS AND LOSS ADJUSTERS.—The Corporation shall develop procedures to require an annual review by an approved insurance provider of the performance of each agent and loss adjuster used by the approved insurance provider. The Corporation shall oversee the conduct of annual reviews and may consult with an approved insurance provider regarding any remedial action that is determined to be necessary as a result of the annual review of an agent or loss adjuster.

(g) SUBMISSION OF INFORMATION TO CORPORATION TO SUPPORT COMPLIANCE EFFORTS.—

(1) TYPES OF INFORMATION REQUIRED.—The Secretary shall establish procedures under which approved insurance providers shall submit to the Corporation the following information with respect to each policy or plan of insurance offered under this subtitle:

(A) The name and identification number of the insured.

(B) The agricultural commodity to be insured.

(C) The elected coverage level, including the price election, of the insured.

(D) The actual production history to be used to establish insurable yields.

(2) TIME FOR SUBMISSION.—

(A) IN GENERAL.—The information required to be submitted under subparagraphs (A) through (C) of paragraph (1) with respect to a policy or plan of insurance shall be submitted so as to ensure receipt by the Corporation not later than the Saturday of the week containing the calendar day that is 30 days after the applicable sales closing date for the crop to be insured.

(B) ACTUAL PRODUCTION HISTORY.—

(i) IN GENERAL.—The information required to be submitted under paragraph (1)(D) with respect to an applicable policy or plan of insurance for a covered commodity (as defined in section 1111 of the Agricultural Act of 2014 (7 U.S.C. 9011)) shall be submitted so as to ensure receipt by the Corporation not later than the Saturday of the week containing the calendar day that is 30 days after the applicable production reporting date for the crop to be insured.

(ii) CORRECTION OF ERRORS.—Nothing in clause (i) limits the ability of an approved insurance provider to correct any error in the information submitted under paragraph (1)(D) after receipt of the information by the Corporation in accordance with clause (i).

(h) SANCTIONS FOR PROGRAM NONCOMPLIANCE AND FRAUD .—

(1) FALSE INFORMATION.—A producer, agent, loss adjuster, approved

insurance provider, or other person that willfully and intentionally provides any false or inaccurate information to the Corporation or to an approved insurance provider with respect to a policy or plan of insurance under this subtitle may, after notice and an opportunity for a hearing on the record, be subject to one or more of the sanctions described in paragraph (3).

(2) COMPLIANCE.—A person may, after notice and an opportunity for a hearing on the record, be subject to one or more of the sanctions described in paragraph (3) if the person is a producer, agent, loss adjuster, approved insurance provider, or other person that willfully and intentionally fails to comply with a requirement of the Corporation.

(3) AUTHORIZED SANCTIONS.—If the Secretary determines that a person covered by this subsection has committed a material violation under paragraph (1) or (2), the following sanctions may be imposed:

(A) CIVIL FINES.—A civil fine may be imposed for each violation in an amount not to exceed the greater of—

(i) the amount of the pecuniary gain obtained as a result of the false or inaccurate information provided or the noncompliance with a requirement of this subtitle; or

(ii) $10,000.

(B) PRODUCER DISQUALIFICATION.—In the case of a violation committed by a producer, the producer may be disqualified for a period of up to 5 years from receiving any monetary or nonmonetary benefit provided under each of the following:

(i) This subtitle.

(ii) The Agricultural Market Transition Act (7 U.S.C. 7201 et seq.), including the noninsured crop disaster assistance program under section 196 of that Act (7 U.S.C. 7333).

(iii) The Agricultural Act of 1949 (7 U.S.C. 1421 et seq.).

(iv) The Commodity Credit Corporation Charter Act (15 U.S.C. 714 et seq.).

(v) The Agricultural Adjustment Act of 1938 (7 U.S.C. 1281 et seq.).

(vi) Title XII of the Food Security Act of 1985 (16 U.S.C. 3801 et seq.).

(vii) The Consolidated Farm and Rural Development Act (7 U.S.C. 1921 et seq.).

(viii) Any law that provides assistance to a producer of an agricultural commodity affected by a crop loss or a decline in the prices of agricultural commodities.

(C) DISQUALIFICATION OF OTHER PERSONS.—In the case of a violation committed by an agent, loss adjuster, approved insurance provider, or other person (other than a producer), the violator may be disqualified for a period of up to 5 years from participating in any program, or receiving any benefit, under this subtitle.

(4) ASSESSMENT OF SANCTION.—The Secretary shall consider the gravity of the violation of the person covered by this subsection in determining—

(A) whether to impose a sanction under this subsection; and

(B) the type and amount of the sanction to be imposed.

(5) DISCLOSURE OF SANCTIONS.—Each policy or plan of insurance under this subtitle shall provide notice describing the sanctions prescribed under paragraph (3) for willfully and intentionally—

(A) providing false or inaccurate information to the Corporation or to an approved insurance provider; or

(B) failing to comply with a requirement of the Corporation.

(6) INSURANCE FUND.—Any funds collected under this subsection shall be deposited into the insurance fund established under section 516(c).

(i) ANNUAL REPORT ON PROGRAM COMPLIANCE AND INTEGRITY EFFORTS.—

(1) REPORT REQUIRED.—The Secretary shall submit to the Committee on Agriculture of the House of Representatives and the Committee on Agriculture, Nutrition, and Forestry of the Senate an annual report describing the operation of this section during the preceding year and efforts undertaken by the Secretary and the Corporation to carry out this section.

(2) INFORMATION REGARDING FRAUD, WASTE, AND ABUSE.—The report shall identify specific occurrences of waste, fraud, or abuse and contain an outline of actions that have been or are being taken to eliminate the identified waste, fraud, or abuse.

(j) INFORMATION MANAGEMENT.—

(1) SYSTEMS MAINTENANCE AND UPGRADES.—

(A) IN GENERAL.—The Secretary shall maintain and upgrade the information management systems of the Corporation used in the administration and enforcement of this subtitle.

(B) REQUIREMENT.—

(i) IN GENERAL.—In maintaining and upgrading the systems, the Secretary shall ensure that new hardware and software are compatible with the hardware and software used by other agencies of the Department to maximize data sharing and promote the purposes of this section.

(ii) ACREAGE REPORT STREAMLINING INITIATIVE PROJECT.—As soon as practicable, the Secretary shall develop and implement an acreage report streamlining initiative project to allow producers to report acreage and other information directly to the Department.

(2) USE OF AVAILABLE INFORMATION TECHNOLOGIES.—The Secretary shall use the information technologies known as data mining and data warehousing and other available information technologies to administer and enforce this subtitle.

(3) USE OF PRIVATE SECTOR.—The Secretary may enter into contracts to use private sector expertise and technological resources in implementing this subsection, which shall be subject to competition on a periodic basis, as determined by the Secretary.

(k) CONTINUING EDUCATION FOR LOSS ADJUSTERS AND AGENTS.—

(1) IN GENERAL.—The Corporation shall establish requirements for continuing education for loss adjusters and agents of approved insurance providers.

(2) REQUIREMENTS.—The requirements for continuing education described in paragraph (1) shall ensure that loss adjusters and agents of approved insurance providers are familiar with—

(A) the policies and plans of insurance available under this Act, including the regulations promulgated to carry out this Act;

(B) efforts to promote program integrity through the elimination of waste, fraud, and abuse; and

(C) other aspects of adjusting, delivering, and servicing policies and plans of insurance by adjustors and agents, as determined by the Secretary, including conservation activities and agronomic practices (including organic and sustainable practices) that are common and appropriate to the area in which the insured crop being inspected is produced.

(l) FUNDING.—

(1) INFORMATION TECHNOLOGY.—

(A) IN GENERAL.—For purposes of subsection (j)(1), the Corporation may use, from amounts made available from the insurance fund established under section 516(c), not more than—

(i) (Ⅰ) for fiscal year 2014, $14,000,000; and

(Ⅱ) for each of fiscal years 2015 through 2018, $9,000,000; or

(ii) if the Acreage Crop Reporting Streamlining Initiative (ACRSI) project is substantially completed by September 30, 2015, not more than $14,000,000 for each of the fiscal years 2015 through 2018.

(B) NOTIFICATION.—The Secretary shall notify the Committee on Agriculture of the House of Representatives and the Committee on Agriculture, Nutrition, and Forestry of the Senate of the substantial completion of the Acreage Crop Reporting Streamlining Initiative (ACRSI) project not later than July 1, 2015.

(2) DATA MINING.—To carry out subsection (j)(2), the Corporation may use, from amounts made available from the insurance fund established under section 516(c), not more than $4,000,000 for fiscal year 2009 and each subsequent fiscal year.

SEC. 516. [7 U.S.C. 1516] FUNDING.

(a) AUTHORIZATION OF APPROPRIATIONS.—

(1) DISCRETIONARY EXPENSES.—There are authorized to be appropriated for fiscal year 1999 and each subsequent fiscal year such sums as are necessary to cover the salaries and expenses of the Corporation.

(2) MANDATORY EXPENSES.—There are authorized to be appropriated such sums as are necessary to cover for each of the 1999 and subsequent reinsurance years the following:

(A) The administrative and operating expenses of the Corporation for the sales commissions of agents.

(B) Premium subsidies, including the administrative and operating expenses of an approved insurance provider for the delivery of policies with additional coverage.

(C) Costs associated with the conduct of livestock and wild salmon pilot programs carried out under section 523, subject to the limitations in subsection (a)(3)(E)(ii) of that section.

(D) Costs associated with the reimbursement, contracting, and partnerships for research and development under section 522.

(b) PAYMENT OF CORPORATION EXPENSES FROM INSURANCE FUND.—

(1) EXPENSES GENERALLY.—For each of the 1999 and subsequent reinsurance years, the Corporation may pay from the insurance fund established under subsection (c) all expenses of the Corporation (other than expenses covered by subsection (a)(1) and expenses covered by paragraph (2)(A)), including the following:

(A) Premium subsidies and indemnities.

(B) Administrative and operating expenses of the Corporation necessary to pay the sales commissions of agents.

(C) All administrative and operating expense reimbursements due under a reinsurance agreement with an approved insurance provider.

(D) Costs associated with the conduct of livestock and wild salmon pilot programs carried out under section 523, subject to the limitations in subsection (a)(3)(E)(ii) of that section.

(E) Costs associated with the reimbursement, contracting, and partnerships for research and development under section 522.

(2) POLICY CONSIDERATION AND IMPLEMENTATION.—

(A) IN GENERAL.—For each of the 1999 and subsequent reinsurance years, the Corporation may use the insurance fund established under subsection (c), but not to exceed $3,500,000 for each fiscal year, to pay the following:

(i) Costs associated with the consideration and implementation of policies, plans of insurance, and related materials submitted under section 508(h) or developed under section 522 or 523.

(ii) Costs to contract for the review of policies, plans of insurance, and related materials under section 505(e) and to contract for other assistance in considering policies, plans of insurance, and related materials.

(B) DAIRY OPTIONS PILOT PROGRAM.—Amounts necessary to carry out the dairy options pilot program shall not be counted toward the limitation on expenses specified in subparagraph (A).

(C) REVIEWS, COMPLIANCE, AND INTEGRITY.—

(i) IN GENERAL.—For each of the 2014 and subsequent reinsurance years, the Corporation may use the insurance fund established under subsection (c), but not to exceed $7,000,000 for each fiscal year, to pay costs—

(Ⅰ) to reimburse expenses incurred for the operations and review of policies, plans of insurance, and related materials (including actuarial and related information); and

(Ⅱ) to assist the Corporation in maintaining program actuarial soundness and financial integrity.

(ii) SECRETARIAL ACTION.—For the purposes described in clause (i), the Secretary may, without further appropriation—

(Ⅰ) merge some or all of the funds made available under this subparagraph into the accounts of the Risk Management Agency; and

(Ⅱ) obligate those funds.

(iii) MAINTENANCE OF FUNDING.—Funds made available under this subparagraph shall be in addition to other funds made available for costs incurred by the Corporation or the Risk Management Agency.

(c) INSURANCE FUND .—

(1) IN GENERAL.—There is established an insurance fund, for the deposit of premium income, amounts made available under subsection (a)(2), and civil fines collected under section 515(h), to be available without fiscal

year limitation.

(2) COMMODITY CREDIT CORPORATION FUNDS.—If at any time the amounts in the insurance fund are insufficient to enable the Corporation to carry out subsection (b), to the extent the funds of the Commodity Credit Corporation are available—

(A) the Corporation may request the Secretary to use the funds of the Commodity Credit Corporation to carry out subsection (b); and

(B) the Secretary may use the funds of the Commodity Credit Corporation to carry out subsection (b).

SEPARABILITY

SEC. 517. [7 U.S.C. 1517] The sections of this subtitle and subdivisions of sections are hereby declared to be separable, and in the event any one or more sections or parts of the same of this subtitle be held to be unconstitutional, the same shall not affect the validity of other sections or parts of sections of this subtitle.

AGRICULTURAL COMMODITY

SEC. 518. [7 U.S.C. 1518] "Agricultural commodity", as used in this subtitle, means wheat, cotton, flax, corn, dry beans, oats, barley, rye, tobacco, rice, peanuts, soybeans, sugar beets, sugar cane, tomatoes, grain sorghum, sunflowers, raisins, oranges, sweet corn, dry peas, freezing and canning peas, forage, apples, grapes, potatoes, timber and forests, nursery crops, citrus, and other fruits and vegetables, nuts, tame hay, native grass, hemp, aquacultural species (including, but not limited to, any species of finfish, mollusk, crustacean, or other aquatic invertebrate, amphibian, reptile, or aquatic plant propagated or reared in a controlled or selected environment), or any other agricultural commodity, excluding stored grain, determined by the Board, or any one or more of such com-modities, as the context may indicate.

SEC. 519. NONINSURED CROP DISASTER ASSISTANCE PROGRAM.

[Repealed by P.L. 104-127, § 196(j), Apr. 4, 1996, 110 Stat. 950.]

SEC. 520. [7 U.S.C. 1520] PRODUCER ELIGIBILITY.

Except as otherwise provided in this subtitle, a producer shall not be denied insurance under this subtitle if—

(1) for purposes of catastrophic risk protection coverage, the producer is a "person" (as defined by the Secretary); and

(2) for purposes of any other plan of insurance, the producer is 18 years of age and has a bona fide insurable interest in a crop as an owner-operator, landlord, tenant, or sharecropper.

SEC. 521. [7 U.S.C. 1521] INELIGIBILITY FOR CATASTROPHIC RISK AND NONINSURED ASSISTANCE PAYMENTS.

If the Secretary determines that a person has knowingly adopted a material scheme or device to obtain catastrophic risk, additional coverage, or noninsured assistance benefits under this subtitle to which the person is not entitled, has evaded this subtitle, or has acted with the purposes of evading this subtitle, the person shall be ineligible to receive all benefits applicable to the crop year for which the scheme or device was adopted.

SEC. 522. [7 U.S.C. 1522] RESEARCH AND DEVELOPMENT.

(a) DEFINITION OF POLICY.—In this section, the term "policy" means a policy, plan of insurance, provision of a policy or plan of insurance, and related materials.

(b) REIMBURSEMENT OF RESEARCH, DEVELOPMENT, AND MAINTENANCE COSTS.—

(1) RESEARCH AND DEVELOPMENT PAYMENT.—

(A) IN GENERAL.—The Corporation shall provide a payment to an applicant for research and development costs in accordance with this subsection.

(B) REIMBURSEMENT.—

(i) IN GENERAL.—An applicant who submits a policy under section 508(h) shall be eligible for the reimbursement of reasonable research and development costs if the policy is approved by the Board for sale to producers.

(ii) REASONABLE COSTS.—For the purpose of reimbursing research and development and maintenance costs under this section, costs of the applicant shall be considered reasonable costs if the costs are based on—

(Ⅰ) for any employees or contracted personnel, wage rates equal to not more than 2 times the hourly wage rate plus benefits, as provided by the Bureau of Labor Statistics for the year in which such costs are incurred, calculated using the formula applied to an applicant by the Corporation in reviewing proposed project budgets under this section on October 1, 2016; and

(Ⅱ) other actual documented costs incurred by the applicant.

(2) ADVANCE PAYMENTS.—

(A) IN GENERAL.—Subject to the other provisions of this paragraph, the Board may approve the request of an applicant for advance payment of a portion of reasonable research and development costs prior to submission and approval of the policy by the Board under section 508(h).

(B) PROCEDURES.—The Board shall establish procedures for approving advance payment of reasonable research and development costs to applicants.

(C) CONCEPT PROPOSAL.—As a condition of eligibility for advance payments, an applicant shall submit a concept proposal for the policy that the applicant plans to submit to the Board under section 508(h), consistent with procedures established by the Board for submissions under subparagraph (B), including—

(i) a summary of the qualifications of the applicant, including any prior concept proposals and submissions to the Board under section 508(h) and, if applicable, any work conducted under this section;

(ii) a projection of total research and development costs that the applicant expects to incur;

(iii) a description of the need for the policy, the marketability of and expected demand for the policy among affected producers, and the potential impact of the policy on producers and the crop insurance delivery system;

(iv) a summary of data sources available to demonstrate that the policy can reasonably be developed and actuarially appropriate rates established; and

(v) an identification of the risks the proposed policy will cover and an explanation of how the identified risks are insurable under this subtitle.

(D) REVIEW.—

(i) EXPERTS.—If the requirements of subparagraph (B) and (C) are met, the Board may submit a concept proposal described in subparagraph (C) to not less than 2 independent expert reviewers, whose services are appropriate for the type of concept proposal submitted, to assess the likelihood that the proposed policy being developed will result in a viable and marketable policy, as determined by the Board.

(ii) TIMING.—The time frames described in subparagraphs (C) and (D) of section 508(h)(4) shall apply to the review of concept proposals under this subparagraph.

(E) APPROVAL.—

(i) IN GENERAL.—The Board may approve up to 50 percent of the projected total research and development costs to be paid in advance to an applicant, in accordance with the procedures developed by the Board for the making of the payments, if, after consideration of the reviewer reports described in subparagraph (D) and such other information as the Board determines appropriate, the Board determines that—

(I) the concept, in good faith, will likely result in a viable and marketable policy consistent with section 508(h);

(Ⅱ) at the sole discretion of the Board, the concept, if developed into a policy and approved by the Board, would provide crop insurance coverage—

(aa) in a significantly improved form;

(bb) to a crop or region not traditionally served by the Federal crop insurance program; or

(cc) in a form that addresses a recognized flaw or problem in the program;

(Ⅲ) the applicant agrees to provide such reports as the Corporation determines are necessary to monitor the development effort;

(Ⅳ) the proposed budget and timetable are reasonable, as determined by the Board; and

(Ⅴ) the concept proposal meets any other requirements that the Board determines appropriate.

(ii) WAIVER.—The Board may waive the 50-percent limitation and, upon request of the submitter after the submitter has begun research and development activities, the Board may approve an additional 25 percent advance payment to the submitter for research and development costs, if, at the sole discretion of the Board, the Board determines that—

(Ⅰ) the intended policy or plan of insurance developed by the submitter will provide coverage for a region or crop that is underserved by the Federal crop insurance program, including specialty crops; and

(Ⅱ) the submitter is making satisfactory progress towards developing a viable and marketable policy or plan of insurance consistent with section 508(h).

(F) SUBMISSION OF POLICY.—If the Board approves an advanced payment under subparagraph (E), the Board shall establish a date by which the applicant shall present a submission in compliance with section 508(h) (including the procedures implemented under that section) to the Board for approval.

(G) FINAL PAYMENT.—

(i) APPROVED POLICIES.—If a policy is submitted under subparagraph (F) and approved by the Board under section 508(h) and the procedures established by the Board (including procedures established under subparagraph (B)), the applicant shall be eligible for a payment of reasonable research and development costs in the same manner as policies reimbursed under paragraph (1)(B), less any payments made pursuant to subparagraph (E).

(ii) POLICIES NOT APPROVED.—If a policy is submitted under subparagraph (F) and is not approved by the Board under section 508(h), the Corporation shall—

(Ⅰ) not seek a refund of any payments made in accordance with this paragraph; and

(Ⅱ) not make any further research and development cost payments associated with the submission of the policy under this paragraph.

(H) POLICY NOT SUBMITTED.—If an applicant receives an advance payment and fails to fulfill the obligation of the applicant to the Board by not submitting a completed submission without just cause and in accordance with the procedures established under subparagraph (B)), including notice and reasonable opportunity to respond, as determined by the Board, the applicant shall return to the Board the amount of the advance plus interest.

(I) REPEATED SUBMISSIONS.—The Board may prohibit advance payments to applicants who have submitted—

(i) a concept proposal or submission that did not result in a marketable product; or

(ii) a concept proposal or submission of poor quality.

(J) CONTINUED ELIGIBILITY.—A determination that an applicant is not eligible for advance payments under this paragraph shall not prevent an applicant from reimbursement under paragraph (1)(B).

(K) WAIVER FOR HEMP.—The Board may waive the viability and marketability requirements under this paragraph in the case of research and development relating to a policy to insure the production of hemp.

(3) MARKETABILITY.—

(A) IN GENERAL.—Subject to subparagraph (B), the Corporation shall approve a reimbursement under paragraph (1) only after determining that the policy is marketable based on a reasonable marketing plan, as determined by the Board.

(B) WAIVER FOR HEMP.—The Corporation may waive the marketability requirement under subparagraph (A) in the case of research and development relating to a policy to insure the production of hemp.

(4) MAINTENANCE PAYMENTS.—

(A) REQUIREMENT.—The Corporation shall reimburse maintenance costs associated with the annual cost of underwriting for a policy described in paragraph (1).

(B) DURATION.—Payments with respect to maintenance costs may be provided for a period of not more than four reinsurance years subsequent to Board approval for payment under this subsection.

(C) OPTIONS FOR MAINTENANCE.—On the expiration of the 4-year period described in subparagraph (B), the applicant responsible for maintenance of the policy may—

(i) maintain the policy and charge a fee to approved insurance providers that elect to sell the policy under this subsection; or

(ii) transfer responsibility for maintenance of the policy to the Corporation.

(D) FEE.—

(i) AMOUNT.—Subject to approval by the Board, the amount of the fee that is payable by an approved insurance provider that elects to sell the policy shall be an amount that is determined by the applicant maintaining the policy.

(ii) APPROVAL.—The Board shall approve the amount of a fee determined under clause (i) for maintenance of the policy unless the Board determines that the amount of the fee—

(Ⅰ) is unreasonable in relation to the maintenance costs associated with the policy; or

(Ⅱ) unnecessarily inhibits the use of the policy.

(iii) REVIEW.—After the Board approves the amount of a fee under clause (ii), the fee shall remain in effect and not be reviewed by the Board unless—

(Ⅰ) the applicant petitions the Board for reconsideration of the fee;

(Ⅱ) a substantial change is made to the policy, as determined by the Board; or

(Ⅲ) there is substantial evidence that the fee is inhibiting sales or use of the policy, as determined by the Board.

(5) TREATMENT OF PAYMENT.—Payments made under this subsection for a policy shall be considered as payment in full by the Corporation for the research and development conducted with regard to the policy and any property rights to the policy.

(6) REIMBURSEMENT AMOUNT.—The Corporation shall determine the amount of the payment under this subsection for an approved policy based on the complexity of the policy and the size of the area in which the policy or material is expected to be sold.

(c) RESEARCH AND DEVELOPMENT AUTHORITY.—

(1) AUTHORITY.—The Corporation may conduct activities or enter into contracts to carry out research and development to maintain or improve existing policies or develop new policies to—

(A) increase participation in States in which the Corporation determines that—

(i) there is traditionally, and continues to be, a low level of Federal crop insurance participation and availability; and

(ii) the State is underserved by the Federal crop insurance program;

(B) increase participation in areas that are underserved by the Federal crop insurance program; and

(C) increase participation by producers of underserved agricultural commodities, including specialty crops.

(2) UNDERSERVED AGRICULTURAL COMMODITIES AND AREAS.—

(A) AUTHORITY.—The Corporation may conduct research and development or enter into contracts under procedures prescribed by the Corporation with qualified persons to carry out research and development for policies that promote the purposes of paragraph (1).

(B) CONSULTATION.—Before conducting research and development or entering into a contract under subparagraph (A), the Corporation shall consult with groups representing producers of agricultural commodities that would be served by the policies that are the subject of the research and development.

(3) QUALIFIED PERSONS.—A person with experience in crop insurance or farm or ranch risk management (including a college or university, an approved insurance provider, and a trade or research organization), as determined by the Corporation, shall be eligible to enter into a contract with the Corporation under this subsection.

(4) TYPES OF CONTRACTS.—A contract under this subsection may provide for research and development regarding new or expanded policies, including policies based on adjusted gross income, cost-of-production, quality losses, and an intermediate base program with a higher coverage and cost than catastrophic risk protection.

(5) USE OF RESULTING POLICIES.—The Corporation may offer any policy developed under this subsection that is approved by the Board after expert review in accordance with section 505(e).

(6) RESEARCH AND DEVELOPMENT PRIORITIES.—The Corporation shall establish as one of the highest research and development priorities of the Corporation the development of policies that increase participation by producers of underserved agricultural commodities, including sweet sorghum, biomass sorghum, rice, peanuts, sugarcane, alfalfa, pennycress, dedicated energy crops, and specialty crops.

(7) WHOLE FARM DIVERSIFIED RISK MANAGEMENT INSUR-ANCE PLAN.—

(A) IN GENERAL.—Unless the Corporation approves a whole farm insurance plan, similar to the plan described in this paragraph, to be available to producers for the 2016 reinsurance year, the Corporation shall conduct activities or enter into contracts to carry out research and development to develop a whole farm risk management insurance plan, with a liability limitation of $1,500,000, that allows a diversified crop or livestock producer the option to qualify for an indemnity if actual gross farm revenue is below 85 percent of the average gross farm revenue or the expected gross farm revenue that can reasonably be expected of the producer, as determined by the Corporation.

(B) ELIGIBLE PRODUCERS.—The Corporation shall permit producers (including direct-to-consumer marketers and producers servicing local and regional and farm identitypreserved markets) who produce multiple agricultural commodities, including specialty crops, industrial crops, livestock, and aquaculture products, to participate in the plan developed under subparagraph (A) in lieu of any other plan under this subtitle.

(C) DIVERSIFICATION.—The Corporation may provide diversification-based additional coverage payment rates, premium discounts, or other enhanced benefits in recognition of the risk management benefits of crop and livestock diversification strategies for producers that—

(i) grow multiple crops; or

(ii) may have income from the production of livestock that uses a crop grown on the farm.

(D) MARKET READINESS.—The Corporation may include coverage for the value of any packing, packaging, or any other similar on-farm activity the Corporation determines to be the minimum required in order to remove the commodity from the field.

(E) REVIEW OF MODIFICATIONS TO IMPROVE EFFECTIVENESS.—

(i) IN GENERAL.—Not later than 18 months after the date of enactment of the Agriculture Improvement Act of 2018—

(Ⅰ) the Corporation shall hold stakeholder meetings to solicit producer and agent feedback; and

(Ⅱ) the Board shall—

(aa) review procedures and paperwork requirements on agents and producers; and

(bb) modify procedures and requirements, as appropriate, to decrease burdens and increase flexibility and effectiveness.

(ii) FACTORS.—In carrying out items (aa) and (bb) of subclause (i)

(Ⅱ), the Board shall consider—

(Ⅰ) removing caps on nursery and livestock production;

(Ⅱ) allowing a waiver to expand operations, especially for small and beginning farmers;

(Ⅲ) minimizing paperwork for producers and agents;

(Ⅳ) implementing an option for producers with less than $1,000,000 in gross revenue that requires significantly less paperwork and recordkeeping;

(Ⅴ) developing and using alternative records such as time-stamped photographs or technology applications to document planting and production history;

(Ⅵ) treating the different growth stages of aquaculture species as separate crops to recognize the difference in perils at different phases of growth;

(Ⅶ) moderating the impacts of disaster years on historic revenue, such as—

(aa) using an average of the historic and projected revenue;

(bb) counting indemnities as historic revenue for loss years;

(cc) counting payments under section 196 of the Federal Agriculture Improvement and Reform Act of 1996 (7 U.S.C. 7333) as historic revenue for loss years; or

(dd) using an assigned yield floor similar to the limitation described in section 508(g)(6)(A)(i), as determined by the Secretary;

(Ⅷ) improving agent training and outreach to underserved regions and sectors such as small dairy farms; and

(Ⅸ) providing coverage and indemnification of insurable losses—

(aa) after the losses exceed the deductible; and

(bb) up to the maximum amount of total coverage.

(F) BEGINNING FARMER OR RANCHER DEFINED.—Notwithstanding section 502(b)(3), with respect to plans described under this paragraph, the term "beginning farmer or rancher" means a farmer or rancher who has not actively operated and managed a farm or ranch with a bona fide insurable interest in a crop or livestock as an owneroperator, landlord, tenant, or sharecropper for more than 10 crop years.

(8) RELATION TO LIMITATIONS.—A policy developed under this subsection may be prepared without regard to the limitations of this subtitle, including—

(A) the requirement concerning the levels of coverage and rates; and

(B) the requirement that the price level for each insured agricultural commodity must equal the expected market price for the agricultural commodity, as established by the Board.

(9) TROPICAL STORM OR HURRICANE INSURANCE.—

(A) IN GENERAL.—The Corporation shall carry out research and development, or offer to enter into 1 or more contracts with 1 or more qualified persons to carry out research and development, regarding a policy to insure crops (including tomatoes, peppers, and citrus) against losses due to a tropical storm or hurricane.

(B) RESEARCH AND DEVELOPMENT.—Research and development under subparagraph (A) shall—

(i) evaluate the effectiveness of risk management tools for a low frequency and catastrophic loss weather event; and

(ii) result in a policy that provides protection for at least 1 of the following:

(Ⅰ) Production loss.

(Ⅱ) Revenue loss.

(C) REPORT.—Not later than 1 year after the date of enactment of the Agriculture Improvement Act of 2018, the Corporation shall submit to the Committee on Agriculture of the House of Representatives and the Committee on Agriculture, Nutrition, and Forestry of the Senate a report that describes—

(i) the results of the research and development carried out under this paragraph; and

(ii) any recommendations with respect to those results.

(10) QUALITY LOSS.—

(A) IN GENERAL.—The Corporation shall carry out research and development, or offer to enter into 1 or more contracts with 1 or more qualified persons to carry out research and development, regarding the establishment of each of the following alternative methods of adjusting for quality losses:

(i) A method that does not impact the actual production history of a producer.

(ii) A method that provides that, in circumstances in which a producer has suffered a quality loss to the insured crop of the producer that is insufficient to trigger an indemnity payment, the producer may elect to exclude that quality loss from the actual production history of the producer.

(iii) 1 or more methods that combine the methods described in clauses (i) and (ii).

(B) REQUIREMENTS.—Notwithstanding subsections (g) and (m) of section 508, any method developed under subparagraph (A) that is used by the Corporation shall be—

(i) optional for a producer to use; and

(ii) offered at an actuarially sound premium rate.

(C) REPORT.—Not later than 1 year after the date of enactment of the Agriculture Improvement Act of 2018, the Corporation shall submit to the Committee on Agriculture of the House of Representatives and the Committee on Agriculture, Nutrition, and Forestry of the Senate a report that describes—

(i) the results of the research and development carried out under subparagraph (A); and

(ii) any recommendations with respect to those results.

(11) CITRUS.—

(A) IN GENERAL.—The Corporation shall carry out research and development, or offer to enter into 1 or more contracts with 1 or more qualified persons to carry out research and development, regarding the insurance of citrus fruit commodities and commodity types, including research and development of—

(i) improvements to 1 or more existing policies, including the whole-farm revenue protection pilot policy;

(ii) alternative methods of insuring revenue for citrus fruit commodities and commodity types; and

(iii) the development of new, or expansion of existing, revenue policies for citrus fruit commodities and commodity types.

(B) REPORT.—Not later than 1 year after the date of enactment of the Agriculture Improvement Act of 2018, the Corporation shall submit to the Committee on Agriculture of the House of Representatives and the Committee on Agriculture, Nutrition, and Forestry of the Senate a report that describes—

(i) the results of the research and development carried out under subparagraph (A); and

(ii) any recommendations with respect to those results.

(12) HOPS.—

(A) IN GENERAL.—The Corporation shall carry out research and development, or offer to enter into 1 or more contracts with 1 or more qualified persons to carry out research and development, regarding a policy to insure the production of hops or revenue derived from the production of hops.

(B) REPORT.—Not later than 1 year after the date of enactment of the Agriculture Improvement Act of 2018, the Corporation shall submit to the Committee on Agriculture of the House of Representatives and the Committee on Agriculture, Nutrition, and Forestry of the

Senate a report that describes—

(i) the results of the research and development carried out under subparagraph (A); and

(ii) any recommendations with respect to those results.

(13) SUBSURFACE IRRIGATION PRACTICES.—

(A) IN GENERAL.—The Corporation shall carry out research and development, or offer to enter into 1 or more contracts with 1 or more qualified persons to carry out research and development, regarding the creation of a separate practice for subsurface irrigation, including the establishment of a separate transitional yield within a county that is reflective of the average gain in productivity and yield associated with the installation of a subsurface irrigation system.

(B) REPORT.—Not later than 18 months after the date of enactment of the Agriculture Improvement Act of 2018, the Corporation shall submit to the Committee on Agriculture of the House of Representatives and the Committee on Agriculture, Nutrition, and Forestry of the Senate a report that describes—

(i) the results of the research and development carried out under subparagraph (A); and

(ii) any recommendations with respect to those results.

(14) GRAIN SORGHUM.—

(A) IN GENERAL.—The Corporation shall carry out research and development, or offer to enter into 1 or more contracts with 1 or more qualified persons to carry out research and development—

(i) regarding improvements to 1 or more policies to insure irrigated grain sorghum;

(ii) regarding alternative methods for producers with not more than 4 years of production history to insure irrigated grain sorghum; and

(iii) to assess, by county, the difference in the rate, average yield, and coverage level of grain sorghum policies compared to policies for other feed grains in that county.

(B) REPORT.—Not later than 18 months after the date of enactment of the Agriculture Improvement Act of 2018, the Corporation shall submit to the Committee on Agriculture of the House of Representatives and the Committee on Agriculture, Nutrition, and Forestry of the Senate a report that describes—

(i) the results of the research and development carried out under subparagraph (A); and

(ii) any recommendations with respect to those results.

(15) LIMITED IRRIGATION PRACTICES.—

(A) AUTHORITY.—The Corporation shall—

(i) consider expanding the availability of the limited irrigation insurance program to neighboring and similarly situated States (such as the States of Colorado and Nebraska), as determined by the Secretary;

(ii) carry out research, or offer to enter into 1 or more contracts with 1 or more qualified persons to carry out research, on the marketability of the existing limited irrigation insurance program; and

(iii) make recommendations on how to improve participation in that program.

(B) RESEARCH.—In carrying out research under subparagraph (A), a qualified person shall—

(i) collaborate with researchers on the subjects of—

(Ⅰ) reduced irrigation practices or limited irrigation practices; and

(Ⅱ) expected yield reductions following the application of reduced irrigation;

(ii) collaborate with State and Federal officials responsible for the collection of water and the regulation of water use for the purpose of irrigation;

(iii) provide recommendations to encourage producers to carry out limited irrigation practices or reduced irrigation and water conservation practices; and

(iv) develop web-based applications that will streamline access to coverage for producers electing to conserve water use on irrigated crops.

(C) REPORT.—Not later than 18 months after the date of enactment of the Agriculture Improvement Act of 2018, the Corporation shall submit to the Committee on Agriculture of the House of Representatives and the Committee on Agriculture, Nutrition, and Forestry of the Senate a report that describes—

(i) the results of the research carried out under subparagraphs (A) and (B);

(ii) any recommendations to encourage producers to carry out limited irrigation practices or reduced irrigation and water conservation practices; and

(iii) the actions taken by the Corporation to carry out the recommendations described in clause (ii).

(16) INSURABLE IRRIGATION PRACTICES FOR RICE.—

(A) IN GENERAL.—The Corporation shall carry out research and development, or offer to enter into 1 or more contracts with 1 or more qualified persons to carry out research and development, to include new and innovative irrigation practices under the current rice policy or the development of a distinct policy endorsement rated for rice produced using—

(i) alternate wetting and drying practices (also referred to as "intermittent flooding"); and

(ii) furrow irrigation practices.

(B) REPORT.—Not later than 18 months after the date of enactment of the Agriculture Improvement Act of 2018, the Corporation shall submit to the Committee on Agriculture of the House of Representatives and the Committee on Agriculture, Nutrition, and Forestry of the Senate a report that describes—

(i) the results of the research and development carried out under paragraph (1); and

(ii) any recommendations with respect to those results.

(17) GREENHOUSE POLICY.—

(A) IN GENERAL.—

(i) RESEARCH AND DEVELOPMENT.—The Corporation shall carry out research and development, or offer to enter into 1 or more contracts with 1 or more qualified persons to carry out research and development, regarding a policy to insure in a controlled environment such as a greenhouse—

(Ⅰ) the production of floriculture, nursery, and bedding plants;

(Ⅱ) the establishment of cuttings or tissue culture in a growing medium; or

(Ⅲ) other similar production, as determined by the Secretary.

(ii) AVAILABILITY OF POLICY.—Notwithstanding the last sentence of section 508(a)(1), and section 508(a)(2), the Corporation shall make a policy described in clause (i) available if the requirements of section 508(h) are met.

(B) RESEARCH AND DEVELOPMENT DESCRIBED.—Research and development described in subparagraph (A)(i) shall evaluate the effectiveness of policies for the production of plants in a controlled environment, including policies that—

(i) are based on the risk of—

(Ⅰ) plant diseases introduced from the environment;

(Ⅱ) contaminated cuttings, seedlings, or tissue culture; or

(Ⅲ) Federal or State quarantine or destruction orders associated with the contaminated items described in subclause (II);

(ii) consider other causes of loss applicable to a controlled environment, such as a loss of electricity due to weather;

(iii) consider appropriate best practices to minimize the risk of loss;

(iv) consider whether to provide coverage for various types of plants under 1 policy or to provide coverage for 1 species or type of plant per policy;

(v) have streamlined reporting and paperwork requirements that take into account short propagation schedules, variable crop years, and the variety of plants that may be produced in a single facility; and

(vi) provide protection for revenue losses.

(C) REPORT.—Not later than 2 years after the date of enactment of the Agriculture Improvement Act of 2018, the Corporation shall submit to the Committee on Agriculture of the House of Representatives and the Committee on Agriculture, Nutrition, and Forestry of the Senate a report that describes—

(i) the results of the research and development carried out under subparagraphs (A)(i) and (B); and

(ii) any recommendations with respect to those results.

(18) LOCAL FOODS.—

(A) IN GENERAL.—

(i) FEASIBILITY STUDY.—The Corporation shall carry out a study to determine the feasibility of, or offer to enter into 1 or more contracts with 1 or more qualified persons to carry out a study to determine the feasibility of, a policy to insure production—

(Ⅰ) of floriculture, fruits, vegetables, poultry, livestock, or the products of floriculture, fruits, vegetables, poultry, or livestock; and

(Ⅱ) that is targeted toward local consumers and markets.

(ii) AVAILABILITY OF POLICY.—Notwithstanding the last sentence of section 508(a)(1), and section 508(a)(2), the Corporation shall make available a policy described in clause (i) if—

(Ⅰ) the results of the feasibility study under clause (i) are viable; and

(Ⅱ) the requirements of section 508(h) are met.

(B) FEASIBILITY STUDY DESCRIBED.—The feasibility study described in subparagraph (A)(i) shall evaluate the effectiveness of policies for production targeted toward local consumers and markets, including policies that—

(i) consider small-scale production in various areas, including urban, suburban, and rural areas;

(ii) consider a variety of marketing strategies;

(iii) allow for production in soil and in alternative systems such as vertical systems, greenhouses, rooftops, or hydroponic systems;

(iv) consider the price premium when accounting for production or revenue losses;

(v) consider whether to provide coverage—

(Ⅰ) for various types of production under 1 policy; and

(Ⅱ) for 1 species or type of plant per policy; and

(vi) have streamlined reporting and paperwork requirements.

(C) REPORT.—Not later than 2 years after the date of enactment of the Agriculture Improvement Act of 2018, the Corporation shall submit to the Committee on Agriculture of the House of Representatives and the Committee on Agriculture, Nutrition, and Forestry of the Senate a report that—

(i) examines whether a version of existing policies such as the whole-farm revenue protection insurance plan may be tailored to provide improved coverage for producers of local foods;

(ii) describes the results of the feasibility study carried out under subparagraph (A)(i); and

(iii) includes any recommendations with respect to those results.

(19) HIGH-RISK, HIGHLY PRODUCTIVE BATTURE LAND POLICY.—

(A) IN GENERAL.—

(i) RESEARCH AND DEVELOPMENT.—The Corporation shall carry out research and development, or offer to enter into 1 or more contracts with 1 or more qualified persons to carry out research and development, regarding a policy to insure producers of corn, cotton, and soybeans—

(Ⅰ) with operations on highly productive batture land within the Lower Mississippi River Valley;

(Ⅱ) that have a history of production of not less than 5 years; and

(Ⅲ) that have been impacted by more frequent flooding over the past 10 years due to sedimentation or federally constructed engineering improvements.

(ii) AVAILABILITY OF POLICY.—Notwithstanding the last sentence of section 508(a)(1), and section 508(a)(2), the Corporation shall make a policy described in clause (i) available if the requirements of section 508(h) are met.

(B) RESEARCH AND DEVELOPMENT DESCRIBED.—Research and development described in subparagraph (A)(i) shall evaluate the feasibility of less cost-prohibitive policies for batture-land producers in high risk areas, including policies that—

(i) consider premium rate adjustments;

(ii) consider automatic yield exclusion for consecutive-year losses; and

(iii) allow for flexibility of final plant dates and prevent plant regulations

(C) REPORT.—Not later than 2 years after the date of enactment of the Agriculture Improvement Act of 2018, the Corporation shall submit to the Committee on Agriculture of the House of Representatives and the Committee on Agriculture, Nutrition, and Forestry of the Senate a report that—

(i) examines whether a version of existing policies may be tailored to provide improved coverage for batture-land producers;

(ii) describes the results of the research and development carried out under subparagraphs (A) and (B); and

(iii) includes any recommendations with respect to those results.

(d) PARTNERSHIPS FOR RISK MANAGEMENT DEVELOPMENT AND IMPLEMENTATION.—

(1) PURPOSE.—The purpose of this subsection is to authorize the Corporation to enter into partnerships with public and private entities for the purpose of either—

(A) increasing the availability of loss mitigation, financial, and other risk management tools for producers, with a priority given to risk management tools for producers of agricultural commodities covered by section 196 of the Agricultural Market Transition Act (7 U.S.C. 7333), specialty crops, and underserved agricultural commodities; or

(B) improving analysis tools and technology regarding compliance or identifying and using innovative compliance strategies.

(2) AUTHORITY.—The Corporation may enter into partnerships with the National Institute of Food and Agriculture, the Agricultural Research Service, the National Oceanic Atmospheric Administration, and other appropriate public and private entities with demonstrated capabilities in developing and implementing risk management and marketing options for producers of specialty crops and underserved agricultural commodities.

(3) OBJECTIVES.—The Corporation may enter into a partnership under paragraph (2)—

(A) to enhance the notice and timeliness of notice of weather conditions that could negatively affect crop yields, quality, and final product use in order to allow producers to take preventive actions to increase end product profitability and marketability and to reduce the possibility of crop insurance claims;

(B) to develop a multifaceted approach to pest management and fertilization to decrease inputs, decrease environmental exposure, and increase application efficiency;

(C) to develop or improve techniques for planning, breeding, planting, growing, maintaining, harvesting, storing, shipping, and marketing that will address quality and quantity challenges associated with year-to-year and regional variations;

(D) to clarify labor requirements and assist producers in complying with requirements to better meet the physically intense and time-compressed planting, tending, and harvesting requirements associated with the production of specialty crops and underserved agricultural commodities;

(E) to provide assistance to State foresters or equivalent officials for the prescribed use of burning on private forest land for the prevention, control, and suppression of fire;

(F) to provide producers with training and informational opportunities so that the producers will be better able to use financial management, farm financial benchmarking, crop insurance, marketing contracts, and other existing and emerging risk management tools;

(G) to improve analysis tools and technology regarding compliance or identifying and using innovative compliance strategies; and

(H) to develop other risk management tools to further increase economic and production stability.

(e) FUNDING .—

(1) REIMBURSEMENTS.—Of the amounts made available from the insurance fund established under section 516(c), the Corporation may use to provide reimbursements under subsection (b) not more than $7,500,000 for fiscal year 2008 and each subsequent fiscal year.

(2) CONTRACTING.—

(A) CONDUCTING AND CONTRACTING FOR RESEARCH AND DEVELOPMENT.—Of the amounts made available from the insurance fund established under section 516(c), the Corporation may use to conduct research and development and carry out contracting and partnerships under subsections (c) and (d) not more than—

(i) $12,500,000 for each of fiscal years 2008 through 2018; and

(ii) $8,000,000 for fiscal year 2019 and each fiscal year thereafter.

(B) UNDERSERVED STATES.—Of the amount made available under subparagraph (A) for a fiscal year, the Corporation shall use not more than $5,000,000 for the fiscal year to conduct research and development and carry out contracting for research and development to carry out the purpose described in subsection (c)(1)(A).

(3) UNUSED FUNDING.—If the Corporation determines that the amount available under this section for a fiscal year is not needed for such purposes, the Corporation may use—

(A) not more than $5,000,000 for each fiscal year to improve program integrity, including by—

(i) increasing compliance-related training;

(ii) improving analysis tools and technology regarding compliance;

(iii) use of information technology, as determined by the Corporation; and

(iv) identifying and using innovative compliance strategies; and

(B) any excess amounts to carry out other activities authorized under this section.

SEC. 523. [7 U.S.C. 1523] PILOT PROGRAMS.

(a) GENERAL PROVISIONS.—

(1) AUTHORITY.—Except as otherwise provided in this section, the Corporation may, at the sole discretion of the Corporation, conduct a pilot program submitted to and approved by the Board under section 508(h), or that is developed under subsection (b) or section 522, to evaluate whether a proposal or new risk management tool tested by the pilot program is suitable for the marketplace and addresses the needs of producers of agricultural commodities.

(2) PRIVATE COVERAGE.—Under this section, the Corporation shall not conduct any pilot program that provides insurance protection against a risk if insurance protection against the risk is generally available from private companies.

(3) COVERED ACTIVITIES.—The pilot programs described in paragraph (1) may include pilot programs providing insurance protection against losses involving—

(A) reduced forage on rangeland caused by drought or insect infestation;

(B) livestock poisoning and disease;

(C) destruction of bees due to the use of pesticides;

(D) unique special risks related to fruits, nuts, vegetables, and specialty crops in general, aquacultural species, and forest industry needs (including appreciation);

(E) after October 1, 2001, wild salmon, except that—

(i) any pilot program with regard to wild salmon may be carried out without regard to the limitations of this subtitle; and

(ii) the Corporation shall conduct all wild salmon programs under this subtitle so that, to the maximum extent practicable, all costs associated with conducting the programs are not expected to exceed $1,000,000 for fiscal year 2002 and each subsequent fiscal year.

(4) SCOPE OF PILOT PROGRAMS .—The Corporation may—

(A) approve a pilot program under this section to be conducted on a regional, State, or national basis after con-sidering the interests of affected producers and the inter-ests of, and risks to, the Corporation;

(B) operate the pilot program, including any modifications of the pilot program, for a period of up to 4 years;

(C) extend the time period for the pilot program for additional periods, as determined appropriate by the Corporation; and

(D) provide pilot programs that would allow producers—

(i) to receive a reduced premium for using whole farm units or single crop units of insurance; and

(ii) to cross State and county boundaries to form insurable units.

(b) LIVESTOCK PILOT PROGRAMS .—

(1) DEFINITION OF LIVESTOCK.—In this subsection, the term “livestock” includes, but is not limited to, cattle, sheep, swine, goats, and poultry.

(2) PROGRAMS REQUIRED.—Subject to paragraph (7), the Corporation shall conduct two or more pilot programs to evaluate the effectiveness of risk management tools for livestock producers, including the use of futures and options contracts and policies and plans of insurance that protect the interests of livestock producers and that provide—

(A) livestock producers with reasonable protection from the financial risks of price or income fluctuations inherent in the production and marketing of livestock; or

(B) protection for production losses.

(3) PURPOSE OF PROGRAMS.—To the maximum extent practicable, the Corporation shall evaluate the greatest number and variety of pilot programs described in paragraph (2) to determine which of the offered risk management tools are best suited to protect livestock producers from the financial risks associated with the production and marketing of livestock.

(4) TIMING.—The Corporation shall begin conducting livestock pilot programs under this subsection during fiscal year 2001.

(5) RELATION TO OTHER LIMITATIONS.—Any policy or plan of insurance offered under this subsection may be prepared without regard to the limitations of this subtitle.

(6) ASSISTANCE.—As part of a pilot program under this subsection, the Corporation may provide reinsurance for policies or plans of insurance and subsidize the purchase of futures and options contracts or policies

and plans of insurance offered under the pilot program.

(7) PRIVATE INSURANCE.—No action may be undertaken with respect to a risk under this subsection if the Corporation determines that insurance protection for livestock producers against the risk is generally available from private companies.

(8) LOCATION.—The Corporation shall conduct the livestock pilot programs under this subsection in a number of counties that is determined by the Corporation to be adequate to provide a comprehensive evaluation of the feasibility, effectiveness, and demand among producers for the risk management tools evaluated in the pilot programs.

(9) ELIGIBLE PRODUCERS.—Any producer of a type of livestock covered by a pilot program under this subsection that owns or operates a farm or ranch in a county selected as a location for that pilot program shall be eligible to participate in that pilot program.

(c) REVENUE INSURANCE PILOT PROGRAM .—

(1) IN GENERAL.—Subject to section 522(e)(4), the Secretary shall carry out a pilot program in a limited number of counties, as determined by the Secretary, for crop years 1997 through 2001, under which a producer of wheat, feed grains, soybeans, or such other commodity as the Secretary considers appropriate may elect to receive insurance against loss of revenue, as determined by the Secretary.

(2) ADMINISTRATION.—Revenue insurance under this subsection shall—

(A) be offered through reinsurance arrangements with private insurance companies;

(B) offer at least a minimum level of coverage that is an alternative to catastrophic crop insurance;

(C) be actuarially sound; and

(D) require the payment of premiums and administrative fees by an insured producer.

(d) PREMIUM RATE REDUCTION PILOT PROGRAM .—

(1) PURPOSE.—The purpose of the pilot program established under this subsection is to determine whether approved insurance providers will compete to market policies or plans of insurance with reduced rates of premium, in a manner that maintains the financial soundness of approved insurance providers and is consistent with the integrity of the Federal crop insurance program.

(2) ESTABLISHMENT.—

(A) IN GENERAL.—Beginning with the 2002 crop year,the Corporation shall establish a pilot program under which approved insurance providers may propose for approval by the Board policies or plans of insurance with reduced rates of premium—

(i) for one or more agricultural commodities; and
(ii) within a limited geographic area, as proposed by the approved insurance provider and approved by the Board.
(B) DETERMINATION BY BOARD.—The Board shall approve a policy or plan of insurance proposed under this subsection that involves a premium reduction if the Board determines that—
(i) the interests of producers are adequately protected within the pilot area;
(ii) rates of premium are actuarially appropriate, as determined by the Board;
(iii) the size of the proposed pilot area is adequate;
(iv) the proposed policy or plan of insurance would not unfairly discriminate among producers within the proposed pilot area;
(v) if the proposed policy or plan of insurance were available in a geographic area larger than the proposed pilot area, the proposed policy or plan of insurance would—
(Ⅰ) not have a significant adverse impact on the crop insurance delivery system;
(Ⅱ) not result in a reduction of program integrity;
(Ⅲ) be actuarially appropriate; and
(Ⅳ) not place an additional financial burden on the Federal Government; and
(vi) the proposed policy or plan of insurance meets other requirements of this subtitle determined appropriate by the Board.
(C) TIME LIMITATIONS AND PROCEDURES.—The time limitations and procedures of the Board established under section 508(h) shall apply to a proposal submitted under this subsection.
(e) ADJUSTED GROSS REVENUE INSURANCE PILOT PROGRAM .—
(1) IN GENERAL.—The Corporation shall carry out, through at least the 2004 reinsurance year, the adjusted gross revenue insurance pilot program in effect for the 2002 reinsurance year.
(2) ADDITIONAL COUNTIES.—
(A) IN GENERAL.—In addition to counties otherwise included in the pilot program, the Corporation shall include in the pilot program for the 2003 reinsurance year at least 8 counties in the State of California and at least 8 counties in the State of Pennsylvania.
(B) SELECTION CRITERIA.—In carrying out subparagraph (A), the Corporation shall work with the respective State Departments of Agriculture to establish criteria to determine which counties to include in the pilot program.
(f) CAMELINA PILOT PROGRAM .—

(1) IN GENERAL.—The Corporation shall establish a pilot program under which producers or processors of camelina may propose for approval by the Board policies or plans of insurance for camelina, in accordance with section 508(h).

(2) DETERMINATION BY BOARD.—The Board shall approve a policy or plan of insurance proposed under paragraph (1) if, as determined by the Board, the policy or plan of insurance—

(A) protects the interests of producers;

(B) is actuarially sound; and

(C) meets the requirements of this subtitle.

(3) TIMEFRAME.—The Corporation shall commence the camelina insurance pilot program as soon as practicable after the date of enactment of this subsection.

(g) SESAME INSURANCE PILOT PROGRAM .—

(1) IN GENERAL.—In addition to any other authority of the Corporation, the Corporation shall establish and carry out a pilot program under which a producer of nondehiscent sesame under contract may elect to obtain multiperil crop insurance, as determined by the Corporation.

(2) TERMS AND CONDITIONS.—The multiperil crop insurance offered under the sesame insurance pilot program shall—

(A) be offered through reinsurance arrangements with private insurance companies;

(B) be actuarially sound; and

(C) require the payment of premiums and administrative fees by a producer obtaining the insurance.

(3) LOCATION.—The sesame insurance pilot program shall be carried out only in the State of Texas.

(4) DURATION.—The Corporation shall commence the sesame insurance pilot program as soon as practicable after the date of the enactment of this subsection.

(h) GRASS SEED INSURANCE PILOT PROGRAM .—

(1) IN GENERAL.—In addition to any other authority of the Corporation, the Corporation shall establish and carry out a grass seed pilot program under which a producer of Kentucky bluegrass or perennial rye grass under contract may elect to obtain multiperil crop insurance, as determined by the Corporation.

(2) TERMS AND CONDITIONS.—The multiperil crop insurance offered under the grass seed insurance pilot program shall—

(A) be offered through reinsurance arrangements with private insurance companies;

(B) be actuarially sound; and

(C) require the payment of premiums and administrative fees by a producer obtaining the insurance.

(3) LOCATION.—The grass seed insurance pilot program shall be carried out only in each of the States of Minnesota and North Dakota.

(4) DURATION.—The Corporation shall commence the grass seed insurance pilot program as soon as practicable after the date of the enactment of this subsection.

(i) UNDERSERVED CROPS AND REGIONS PILOT PROGRAMS .—

(1) DEFINITION OF LIVESTOCK COMMODITY.—In this subsection, the term "livestock commodity" includes cattle, sheep, swine, goats, and poultry, including pasture, rangeland, and forage as a source of feed for that livestock.

(2) AUTHORIZATION.—Notwithstanding subsection (a)(2), the Corporation may conduct 2 or more pilot programs to provide producers of underserved specialty crops and livestock commodities with index-based weather insurance, subject to the requirements of this section.

(3) REVIEW AND APPROVAL OF SUBMISSIONS.—

(A) IN GENERAL.—The Board shall approve 2 or more proposed policies or plans of insurance from approved insurance providers if the Board determines that the policies or plans provide coverage as specified in paragraph (2), and meet the conditions described in this paragraph.

(B) REQUIREMENTS.—To be eligible for approval under this subsection, the approved insurance provider shall have—

(i) adequate experience underwriting and administering policies or plans of insurance that are comparable to the proposed policy or plan of insurance;

(ii) sufficient assets or reinsurance to satisfy the underwriting obligations of the approved insurance provider, and possess a sufficient insurance credit rating from an appropriate credit rating bureau, in accordance with Board procedures; and

(iii) applicable authority and approval from each State in which the approved insurance provider intends to sell the insurance product.

(C) REVIEW REQUIREMENTS.—In reviewing applications under this subsection, the Board shall conduct the review in a manner consistent with the standards, rules, and procedures for policies or plans of insurance submitted under section 508(h) and the actuarial soundness requirements applied to other policies and plans of insurance made available under this subtitle.

(D) PRIORITIZATION.—The Board shall prioritize applications that provide a new kind of coverage for specialty crops and livestock commodities that previously had no available crop insurance, or has demonstrated a low level of participation under existing coverage.

(4) PAYMENT OF PREMIUM SUPPORT.—

(A) IN GENERAL.—The Corporation shall pay a portion of the premium for producers that purchase a policy or plan of insurance approved pursuant to this subsection.

(B) AMOUNT.—The premium subsidy shall provide a similar dollar amount of premium subsidy per acre that the Corporation pays for comparable policies or plans of insurance reinsured under this subtitle, except that in no case shall the premium subsidy exceed 60 percent of total premium, as determined by the Corporation.

(C) CALCULATION.—The premium subsidy, as determined by the Corporation, shall be calculated as—

(i) a percentage of premium;

(ii) a percentage of expected loss determined pursuant to a reasonable actuarial methodology; or

(iii) a fixed dollar amount per acre.

(D) PAYMENT.—Subject to subparagraphs (B) and (C), the premium subsidy under this subsection shall be paid by the Corporation in the same manner and under the same terms and conditions as premium subsidy for other policies and plans of insurance.

(E) OPERATING AND ADMINISTRATIVE EXPENSE PAYMENTS.—

(i) IN GENERAL.—Subject to clause (ii), operating and administrative expense payments may be made for policies and plans of insurance approved under this subsection in an amount that is commensurate with similar policies and plans of insurance reinsured under this subtitle, on the condition that the operating and administrative expenses are not included in premiums.

(ii) LIMITATION.—Subject to subparagraph (F)(i), Federal reinsurance, research and development costs, other reimbursements, or maintenance fees shall not be provided or collected for policies and plans of insurance approved under this subsection.

(F) APPROVED INSURANCE PROVIDERS.—Any policy or plan of insurance approved under this subsection may be sold only by the approved insurance provider that submits the application and by any additional approved insurance provider that—

(i) agrees to pay maintenance fees or other payments to the approved insurance provider that submitted the application in an amount agreed to by the applicant and the additional approved insurance provider, on the condition that the fees or payments shall be reasonable and appropriate to ensure that the policies or plans of insurance may be made available by additional approved insurance providers; and

(ii) meets the eligibility criteria of paragraph (3)(B), as determined by the Board.

(G) RELATIONSHIP TO OTHER PROVISIONS.—The requirements of this paragraph shall apply notwithstanding paragraph (6).

(5) OVERSIGHT.—The Corporation shall develop and publish procedures to administer policies or plans of insurance approved under this subsection that—

(A) require each approved insurance provider to report sales, acreage and claim data, and any other data that the Corporation determines to be appropriate, to allow the Corporation to evaluate sales and performance of the product; and

(B) contain such other requirements as the Corporation determines necessary to ensure that the products—

(i) do not have a significant adverse impact on the crop insurance delivery system;

(ii) are in the best interests of producers; and

(iii) do not result in a reduction of program integrity.

(6) CONFIDENTIALITY.—

(A) IN GENERAL.—All reports required under paragraph (5) and all other proprietary information and data generated or derived from applicants under this subsection shall be considered to be confidential commercial or financial information for the purposes of section 552(b)(4) of title 5, United States Code.

(B) STANDARD.—If information concerning a proposal could be withheld by the Secretary under the standard for privileged or confidential information pertaining to trade secrets and commercial or financial information under section 552(b)(4) of title 5, United States Code, the information shall not be released to the public.

(7) INELIGIBLE PURPOSES.—In no case shall a policy or plan of insurance made available under this subsection provide coverage substantially similar to privately available hail insurance.

(8) FUNDING.—

(A) LIMITATION ON EXPENDITURES.—Notwithstanding any other provision in this subsection, of the funds of the Corporation, the Corporation shall use to carry out this section not more than $12,500,000 for each of fiscal years 2015 through 2018, to remain available until expended.

(B) RELATION TO OTHER PROGRAMS.—The amount of funds made available under this section shall be in addition to amounts made available under other provisions of this subtitle, including amounts made available under subsection (b).

SEC. 524. [7 U.S.C. 1524] EDUCATION AND RISK MANAGEMENT ASSISTANCE.

(a) EDUCATION ASSISTANCE.—

(1) IN GENERAL.—Subject to the amounts made available under paragraph (4), the Secretary, acting through the National Institute of Food and Agriculture, shall carry out the program established under paragraph (2).

(2) PARTNERSHIPS FOR RISK MANAGEMENT EDUCATION.—

(A) AUTHORITY.—The Secretary, acting through the National Institute of Food and Agriculture, shall establish a program under which competitive grants are made to qualified public and private entities (including land grant colleges, cooperative extension services, and colleges or universities), as determined by the Secretary, for the purpose of educating agricultural producers and providing technical assistance to agricultural producers on a full range of farm viability and risk management activities, including futures, options, agricultural trade options, crop insurance, business planning, enterprise analysis, transfer and succession planning, management coaching, market assessment, cash flow analysis, cash forward contracting, debt reduction, production diversification, farm resources risk reduction, farm financial benchmarking, conservation activities, and other risk management strategies.

(B) BASIS FOR GRANTS.—A grant under this paragraph shall be awarded on the basis of merit and shall be subject to peer or merit review.

(C) OBLIGATION PERIOD.—Funds for a grant under this paragraph shall be available to the Secretary for obligation for a 2-year period.

(D) ADMINISTRATIVE COSTS.—The Secretary may use not more than 4 percent of the funds made available for grants under this paragraph for administrative costs incurred by the Secretary in carrying out this paragraph.

(3) REQUIREMENTS.—In carrying out the program established under paragraph (2), the Secretary shall place special emphasis on farm viability and risk management strategies (including farm financial benchmarking, business planning and technical assistance, market assessment, transfer and succession planning, and crop insurance participation), education, and outreach specifically targeted at—

(A) beginning farmers or ranchers;

(B) legal immigrant farmers or ranchers that are attempting to become established producers in the United States;
(C) socially disadvantaged farmers or ranchers;
(D) farmers or ranchers that—
(i) are preparing to retire;
(ii) are using transition strategies to help new farmers or ranchers get started;
(iii) are converting production and marketing systems to pursue new markets; and
(E) producers that are underserved by the Federal crop insurance program established under this subtitle, as determined by the Corporation; and
(F) veteran farmers or ranchers.

(4) FUNDING.—From the insurance fund established under section 516(c), there is transferred for the partnerships for risk management education program established under paragraph (2), $10,000,000 for fiscal year 2019 and each subsequent fiscal year, of which not less than $5,000,000 shall be used to carry out paragraph (3)(E).

(b) AGRICULTURAL MANAGEMENT ASSISTANCE .—

(1) AUTHORITY.—The Secretary shall provide financial assistance to producers in the States of Connecticut, Delaware, Hawaii, Maryland, Massachusetts, Maine, Nevada, New Hampshire, New Jersey, New York, Pennsylvania, Rhode Island, Utah, Vermont, West Virginia, and Wyoming.

(2) USES.—A producer may use financial assistance provided under this subsection to—
(A) construct or improve—
(i) watershed management structures; or
(ii) irrigation structures.
(B) plant trees to form windbreaks or to improve water quality;
(C) mitigate financial risk through production or marketing diversification or resource conservation practices, including—
(i) soil erosion control;
(ii) integrated pest management;
(iii) organic farming; or
(iv) to develop and implement a plan to create marketing opportunities for the producer, including through value-added processing;
(D) enter into futures, hedging, or options contracts in a manner designed to help reduce production, price, or revenue risk;
(E) enter into agricultural trade options as a hedging transaction to reduce production, price, or revenue risk; or
(F) conduct any other activity relating to an activity described in

subparagraphs (A) through (E), as determined by the Secretary.

(3) PAYMENT LIMITATION.—The total amount of payments made to a person {as defined in section 1001(5) of the Food Security Act [7 U.S.C. 1308(5)] } [before the amendment made by section 1703(a) of the Food, Conservation, and Energy Act of 2008] under this subsection for any year may not exceed $50,000.

(4) COMMODITY CREDIT CORPORATION.—

(A) IN GENERAL.—The Secretary shall carry out this subsection through the Commodity Credit Corporation.

(B) FUNDING.—

(i) IN GENERAL.—Except as provided in clause (ii), the Commodity Credit Corporation shall make available to carry out this subsection not less than $10,000,000 for each fiscal year.

(ii) EXCEPTION FOR CERTAIN FISCAL YEARS.—For each of fiscal years 2008 through 2014, the Commodity Credit Corporation shall make available to carry out this subsection $15,000,000.

(C) CERTAIN USES.—Of the amounts made available to carry out this subsection for a fiscal year, the Commodity Credit Corporation shall use not less than—

(i) 50 percent to carry out subparagraphs (A), (B), and (C) of paragraph (2) through the Natural Resources Conservation Service;

(ii) 10 percent to provide organic certification cost share assistance through the Agricultural Marketing Service; and

(iii) 40 percent to conduct activities to carry out subparagraph (F) of paragraph (2) through the Risk Management Agency.

附2：

Subtitle B—Supplemental Agricultural Disaster Assistance

SEC. 531. [7 U.S.C. 1531] SUPPLEMENTAL AGRICULTURAL DISASTER ASSISTANCE.

(a) DEFINITIONS.—In this section:

(1) ACTUAL PRODUCTION HISTORY YIELD.—The term "actual production history yield" means the weighted average of the actual production history for each insurable commodity or noninsurable commodity, as calculated under subtitle A or the noninsured crop disaster assistance program, respectively.

(2) ACTUAL PRODUCTION ON THE FARM.—The term "actual production on the farm" means the sum of the value of all crops produced on the farm, as determined under subsection (b)(6)(B).

(3) ADJUSTED ACTUAL PRODUCTION HISTORY YIELD.—The term "adjusted actual production history yield"means—

(A) in the case of an eligible producer on a farm that has at least 4 years of actual production history yields for an insurable commodity that are established other than pursuant to section 508(g)(4)(B), the actual production history for the eligible producer without regard to any yields established under that section;

(B) in the case of an eligible producer on a farm that has less than 4 years of actual production history yields for an insurable commodity, of which 1 or more were established pursuant to section 508(g)(4)(B), the actual production history for the eligible producer as calculated without including the lowest of the yields established pursuant to section 508(g)(4)(B); and

(C) in all other cases, the actual production history of the eligible producer on a farm.

(4) ADJUSTED NONINSURED CROP DISASTER ASSISTANCE PROGRAM YIELD.—The term "adjusted noninsured crop disaster assistance program yield"means—

(A) in the case of an eligible producer on a farm that has at least 4 years of production history under the noninsured crop disaster assistance program that are not replacement yields, the noninsured crop disaster assistance program yield without regard to any replacement yields;

(B) in the case of an eligible producer on a farm that has less than 4 years of production history under the noninsured crop disaster assistance program that are not replacement yields, the noninsured crop disaster assistance program yield as calculated without including the lowest of the replacement yields; and

(C) in all other cases, the production history of the eligible producer on the farm under the noninsured crop disaster assistance program.

(5) COUNTER-CYCLICAL PROGRAM PAYMENT YIELD.—The term "counter-cyclical program payment yield" means the weighted average payment yield established under—

(A) section 1102 or 1302 of the Farm Security and Rural Investment Act of 2002 (7 U.S.C. 7912, 7952);

(B) section 1102 or 1301(6) of the Food, Conservation, and Energy Act of 2008 (7 U.S.C. 8712, 8751(6)); or

(C) a successor section.

(6) CROP OF ECONOMIC SIGNIFICANCE.—The term "crop of economic significance" shall have the uniform meaning given the term by the Secretary for purposes of subsections (b)(1)(B) and (g)(6).

(7) DISASTER COUNTY.—

(A) IN GENERAL.—The term "disaster county" means a county included in the geographic area covered by a qualifying natural disaster declaration.

(B) INCLUSION .—The term "disaster county" includes—

(i) a county contiguous to a county described in subparagraph (A); and

(ii) any farm in which, during a calendar year the actual production on the farm is less than 50 percent of the normal production on the farm.

(8) ELIGIBLE PRODUCER ON A FARM.—

(A) IN GENERAL.—The term "eligible producer on a farm"means an individual or entity described in subparagraph (B) that, as determined by the Secretary, assumes the production and market risks associated with the agricultural production of crops or livestock.

(B) DESCRIPTION.—An individual or entity referred to in subparagraph (A) is—

(i) a citizen of the United States;

(ii) a resident alien;

(iii) a partnership of citizens of the United States; or

(iv) a corporation, limited liability corporation, or other farm organizational structure organized under State law.

(9) FARM.—

(A) IN GENERAL.—The term"farm"means, in relation to an eligible producer on a farm, the sum of all crop acreage in all counties that is planted or intended to be planted for harvest for sale or on-farm livestock feeding (including native grassland intended for haying) by the eligible producer.

(B) AQUACULTURE. In the case of aquaculture, the term "farm" means, in relation to an eligible producer on a farm, all fish being produced in all counties that are intended to be harvested for sale by the eligible producer.

(C) HONEY.—In the case of honey, the term "farm" means, in relation to an eligible producer on a farm, all bees and beehives in all counties that are intended to be harvested for a honey crop for sale by the eligible producer.

(10) FARM-RAISED FISH.—The term "farm-raised fish" means any aquatic species that is propagated and reared in a controlled environment.

(11) INSURABLE COMMODITY.—The term "insurable commodity" means an agricultural commodity (excluding livestock) for which the producer on a farm is eligible to obtain a policy or plan of insurance under subtitle A.

(12) LIVESTOCK.—The term"livestock"includes—

(A) cattle (including dairy cattle);

(B) bison;

(C) poultry;

(D) sheep;

(E) swine;

(F) horses; and

(G) other livestock, as determined by the Secretary.

(13) NONINSURABLE COMMODITY.—The term "noninsurable commodity" means a crop for which the eligible producers on a farm are eligible to obtain assistance under the noninsured crop assistance program.

(14) NONINSURED CROP ASSISTANCE PROGRAM.—The term "noninsured crop assistance program" means the program carried out under section 196 of the Federal Agriculture Improvement and Reform Act of 1996 (7 U.S.C. 7333).

(15) NORMAL PRODUCTION ON THE FARM.—The term"normal production on the farm" means the sum of the expected revenue for all crops on the farm, as determined under subsection (b)(6)(A).

(16) QUALIFYING NATURAL DISASTER DECLARATION.—The term "qualifying natural disaster declaration" means a natural disaster

declared by the Secretary for production losses under section 321(a) of the Consolidated Farm and Rural Development Act (7 U.S.C. 1961(a)).

(17) SECRETARY.—The term "Secretary" means the Secretary of Agriculture.

(18) SOCIALLY DISADVANTAGED FARMER OR RANCHER.—The term "socially disadvantaged farmer or rancher" has the meaning given the term in section 2501(e) of the Food, Agriculture, Conservation, and Trade Act of 1990 (7 U.S.C. 2279(e)).

(19) STATE.—The term"State"means—

(A) a State;

(B) the District of Columbia;

(C) the Commonwealth of Puerto Rico; and

(D) any other territory or possession of the United States.

(20) TRUST FUND.—The term "Trust Fund" means the Agricultural Disaster Relief Trust Fund established under section 902 of the Trade Act of 1974.

(21) UNITED STATES.—The term "United States"when used in a geographical sense, means all of the States.

(b) SUPPLEMENTAL REVENUE ASSISTANCE PAYMENTS.—

(1) PAYMENTS.—

(A) IN GENERAL.—The Secretary shall use such sums as are necessary from the Trust Fund to make crop disaster assistance payments to eligible producers on farms in disaster counties that have incurred crop production losses or crop quality losses, or both, during the crop year.

(B) CROP LOSS.—To be eligible for crop loss assistance under this subsection, the actual production on the farm for at least 1 crop of economic significance shall be reduced by at least 10 percent due to disaster, adverse weather, or disaster-related conditions.

(2) AMOUNT.—

(A) IN GENERAL.—Subject to subparagraph (B), the Secretary shall provide crop disaster assistance payments under this section to an eligible producer on a farm in an amount equal to 60 percent of the difference between—

(i) the disaster assistance program guarantee, as described in paragraph (3); and

(ii) the total farm revenue for a farm, as described in paragraph (4).

(B) LIMITATION.—The disaster assistance program guarantee for a crop used to calculate the payments for a farm under subparagraph (A)(i) may not be greater than 90 percent of the sum of the expected revenue, as described in paragraph (5) for each of the crops on a farm, as determined by the Secretary.

(C) EXCLUSION OF SUBSEQUENTLY PLANTED CROPS.—In calculating the disaster assistance program guarantee under paragraph (3) and the total farm revenue under paragraph (4), the Secretary shall not consider the value of any crop that—

(i) is produced on land that is not eligible for a policy or plan of insurance under subtitle A or assistance under the noninsured crop assistance program; or

(ii) is subsequently planted on the same land during the same crop year as the crop for which disaster assistance is provided under this subsection, except in areas in which double-cropping is a normal practice, as determined by the Secretary.

(3) SUPPLEMENTAL REVENUE ASSISTANCE PROGRAM GUARANTEE.—

(A) IN GENERAL.—Except as otherwise provided in this paragraph, the supplemental assistance program guarantee shall be the sum obtained by adding—

(i) for each insurable commodity on the farm, 115 percent of the product obtained by multiplying—

(Ⅰ) a payment rate for the commodity that is equal to the price election for the commodity elected by the eligible producer;

(Ⅱ) the payment acres for the commodity that is equal to the number of acres planted, or prevented from being planted, to the commodity;

(Ⅲ) the payment yield for the commodity that is equal to the percentage of the crop insurance yield elected by the producer of the higher of—

(aa) the adjusted actual production history yield; or

(bb) the counter-cyclical program payment yield for each crop; and

(ii) for each noninsurable commodity on a farm, 120 percent of the product obtained by multiplying—

(Ⅰ) a payment rate for the commodity that is equal to 100 percent of the noninsured crop assistance program established price for the commodity;

(Ⅱ) the payment acres for the commodity that is equal to the number of acres planted, or prevented from being planted, to the commodity; and

(Ⅲ) the payment yield for the commodity that is equal to 50 percent of the higher of—

(aa) the adjusted noninsured crop assistance program yield; or (bb) the counter-cyclical program payment yield for each crop.

(B) ADJUSTMENT INSURANCE GUARANTEE.—Notwithstanding subparagraph (A), in the case of an insurable commodity for which a plan of insurance provides for an adjustment in the guarantee, such as in the case of prevented planting, the adjusted insurance guarantee shall be the basis for determining the disaster assistance program guarantee for the insurable commodity.

(C) ADJUSTED ASSISTANCE LEVEL.—Notwithstanding subparagraph (A), in the case of a noninsurable commodity for which the noninsured crop assistance program provides for an adjustment in the level of assistance, such as in the case of unharvested crops, the adjusted assistance level shall be the basis for determining the disaster assistance program guarantee for the noninsurable commodity.

(D) EQUITABLE TREATMENT FOR NON-YIELD BASED POLICIES.—The Secretary shall establish equitable treatment for non-yield based policies and plans of insurance, such as the Adjusted Gross Revenue Lite insurance program.

(4) FARM REVENUE.—

(A) IN GENERAL.—For purposes of this subsection, the total farm revenue for a farm, shall equal the sum obtained by adding—

(i) the estimated actual value for each crop produced on a farm by using the product obtained by multiplying—

(Ⅰ) the actual production by crop on a farm for purposes of determining losses under subtitle A or the noninsured crop assistance program; and

(Ⅱ) subject to subparagraphs (B) and (C), to the extent practicable, the national average market price received for the marketing year, as determined by the Secretary;

(ii) 15 percent of amount of any direct payments made to the producer under sections 1103 and 1303 of the Food, Conservation, and Energy Act of 2008 or successor sections;

(iii) the total amount of any counter-cyclical payments made to the producer under sections 1104 and 1304 of the Food, Conservation, and Energy Act of 2008 or successor sections or of any average crop revenue election payments made to the producer under section 1105 of that Act;

(iv) the total amount of any loan deficiency payments, marketing loan gains, and marketing certificate gains made to the producer under subtitles B and C of the Food, Conservation, and Energy Act of 2008 or successor subtitles;

(v) the amount of payments for prevented planting on a farm;
(vi) the amount of crop insurance indemnities received by an eligible producer on a farm for each crop on a farm;
(vii) the amount of payments an eligible producer on a farm received under the noninsured crop assistance program for each crop on a farm; and
(viii) the value of any other natural disaster assistance payments provided by the Federal Government to an eligible producer on a farm for each crop on a farm for the same loss for which the eligible producer is seeking assistance.

(B) ADJUSTMENT.—The Secretary shall adjust the average market price received by the eligible producer on a farm—
(i) to reflect the average quality discounts applied to the local or regional market price of a crop or mechanically harvested forage due to a reduction in the intrinsic characteristics of the production resulting from adverse weather, as determined annually by the State office of the Farm Service Agency;
(ii) to account for a crop the value of which is reduced due to excess moisture resulting from a disaster-related condition; and
(iii) as the Secretary determines appropriate, to reflect regional variations in a manner consistent with the operation of the crop insurance program under subtitle A and the noninsured crop assistance program.

(C) MAXIMUM AMOUNT FOR CERTAIN CROPS.—With respect to a crop for which an eligible producer on a farm receives assistance under the noninsured crop assistance program, the national average market price received during the marketing year shall be an amount not more than 100 percent of the price of the crop established under the noninsured crop assistance program.

(5) EXPECTED REVENUE.—The expected revenue for each crop on a farm shall equal—
(A) for each insurable commodity, the product obtained by multiplying—
(i) the greater of—
(Ⅰ) the adjusted actual production history yield of the eligible producer on a farm; and
(Ⅱ) the counter-cyclical program payment yield;
(ii) the acreage planted or prevented from being planted for each crop; and
(iii) 100 percent of the price election for the commodity used to calculate an indemnity for an applicable policy of insurance if an indemnity is triggered; and

(B) for each noninsurable crop, the product obtained by multiplying—

(i) 100 percent of the adjusted noninsured crop assistance program yield;

(ii) the acreage planted or prevented from being planted for each crop; and

(iii) 100 percent of the noninsured crop assistance program price for each of the crops on a farm.

(6) PRODUCTION ON THE FARM.—

(A) NORMAL PRODUCTION ON THE FARM.—The normal production on the farm shall equal the sum of the expected revenue for each crop on a farm as determined under paragraph (5).

(B) ACTUAL PRODUCTION ON THE FARM.—The actual production on the farm shall equal the sum obtained by adding—

(i) for each insurable commodity on the farm, the product obtained by multiplying—

(Ⅰ) 100 percent of the price election for the commodity used to calculate an indemnity for an applicable policy of insurance if an indemnity is triggered; and

(Ⅱ) the quantity of the commodity produced on the farm, adjusted for quality losses; and

(ii) for each noninsurable commodity on a farm, the product obtained by multiplying—

(Ⅰ) 100 percent of the noninsured crop assistance program established price for the commodity; and

(Ⅱ) the quantity of the commodity produced on the farm, adjusted for quality losses.

(c) LIVESTOCK INDEMNITY PAYMENTS .—

(1) PAYMENTS.—The Secretary shall make livestock indemnity payments to eligible producers on farms that have incurred livestock death losses in excess of the normal mortality due to adverse weather, as determined by the Secretary, during the calendar year, including losses due to hurricanes, floods, blizzards, disease, wildfires, extreme heat, and extreme cold.

(2) PAYMENT RATES.—Indemnity payments to an eligible producer on a farm under paragraph (1) shall be made at a rate of 75 percent of the market value of the applicable livestock on the day before the date of death of the livestock, as determined by the Secretary.

(3) AUTHORIZATION OF APPROPRIATIONS.—There is authorized to be appropriated to carry out this subsection $80,000,000 for each of fiscal years 2012 and 2013.

(d) LIVESTOCK FORAGE DISASTER PROGRAM.—

(1) DEFINITIONS.—In this subsection:

(A) COVERED LIVESTOCK.—

(i) IN GENERAL.—Except as provided in clause (ii), the term "covered livestock" means livestock of an eligible livestock producer that, during the 60 days prior to the beginning date of a qualifying drought or fire condition, as determined by the Secretary, the eligible livestock producer—

(Ⅰ) owned;

(Ⅱ) leased;

(Ⅲ) purchased;

(Ⅳ) entered into a contract to purchase;

(Ⅴ) is a contract grower; or

(Ⅵ) sold or otherwise disposed of due to qualifying drought conditions during—

(aa) the current production year; or

(bb) subject to paragraph (3)(B)(ii), 1 or both of the 2 production years immediately preceding the current production year.

(ii) EXCLUSION.—The term"covered livestock" does not include livestock that were or would have been in a feedlot, on the beginning date of the qualifying drought or fire condition, as a part of the normal business operation of the eligible livestock producer, as determined by the Secretary.

(B) DROUGHT MONITOR.—The term "drought monitor" means a system for classifying drought severity according to a range of abnormally dry to exceptional drought, as defined by the Secretary.

(C) ELIGIBLE LIVESTOCK PRODUCER.—

(i) IN GENERAL.—The term "eligible livestock producer"means an eligible producer on a farm that—

(Ⅰ) is an owner, cash or share lessee, or contract grower of covered livestock that provides the pastureland or grazing land, including cash-leased pastureland or grazing land, for the livestock;

(Ⅱ) provides the pastureland or grazing land for covered livestock, including cash-leased pastureland or grazing land that is physically located in a county affected by drought;

(Ⅲ) certifies grazing loss; and

(Ⅳ) meets all other eligibility requirements established under this subsection.

(ii) EXCLUSION.—The term "eligible livestock producer"does not include an owner, cash or share lessee, or contract grower of livestock that rents or leases pastureland or grazing land owned by another person on a rate-of-gain basis.

(D) NORMAL CARRYING CAPACITY.—The term "normal carrying capacity", with respect to each type of grazing land or pastureland in a county, means the normal carrying capacity, as determined under paragraph (3)(D)(i), that would be expected from the grazing land or pastureland for livestock during the normal grazing period, in the absence of a drought or fire that diminishes the production of the grazing land or pastureland.

(E) NORMAL GRAZING PERIOD.—The term "normal grazing period", with respect to a county, means the normal grazing period during the calendar year for the county, as determined under paragraph (3)(D)(i).

(2) PROGRAM.—The Secretary shall provide compensation for losses to eligible livestock producers due to grazing losses for covered livestock due to—

(A) a drought condition, as described in paragraph (3); or

(B) fire, as described in paragraph (4).

(3) ASSISTANCE FOR LOSSES DUE TO DROUGHT CONDITIONS.—

(A) ELIGIBLE LOSSES.—An eligible livestock producer may receive assistance under this subsection only for grazing losses for covered livestock that occur on land that—

(i) is native or improved pastureland with permanent vegetative cover; or

(ii) is planted to a crop planted specifically for the purpose of providing grazing for covered livestock.

(B) MONTHLY PAYMENT RATE.—

(i) IN GENERAL.—Except as provided in clause (ii), the payment rate for assistance under this paragraph for 1 month shall, in the case of drought, be equal to 60 percent of the lesser of—

(Ⅰ) the monthly feed cost for all covered livestock owned or leased by the eligible livestock producer, as determined under subparagraph (C); or

(Ⅱ) the monthly feed cost calculated by using the normal carrying capacity of the eligible grazing land of the eligible livestock producer.

(ii) PARTIAL COMPENSATION.—In the case of an eligible livestock producer that sold or otherwise disposed of covered livestock due to drought conditions in 1 or both of the 2 production years immediately preceding the current production year, as determined by the Secretary, the payment rate shall be 80 percent of the payment rate otherwise calculated in accordance with clause (i).

(C) MONTHLY FEED COST.—

(i) IN GENERAL.—The monthly feed cost shall equal the product obtained by multiplying—

(Ⅰ) 30 days;

(Ⅱ) a payment quantity that is equal to the feed grain equivalent, as determined under clause (ii); and

(Ⅲ) a payment rate that is equal to the corn price per pound, as determined under clause (iii).

(ii) FEED GRAIN EQUIVALENT.—For purposes of clause (i)(I), the feed grain equivalent shall equal—

(Ⅰ) in the case of an adult beef cow, 15.7 pounds of corn per day; or

(Ⅱ) in the case of any other type of weight of livestock, an amount determined by the Secretary that represents the average number of pounds of corn per day necessary to feed the livestock.

(iii) CORN PRICE PER POUND.—For purposes of clause (i)(II), the corn price per pound shall equal the quotient obtained by dividing—

(Ⅰ) the higher of—

(aa) the national average corn price per bushel for the 12-month period immediately preceding March 1 of the year for which the disaster assistance is calculated; or

(bb) the national average corn price per bushel for the 24-month period immediately preceding that March 1; by

(Ⅱ) 56.

(D) NORMAL GRAZING PERIOD AND DROUGHT MONITOR INTENSITY.—

(i) FSA COUNTY COMMITTEE DETERMINATIONS.—

(Ⅰ) IN GENERAL.—The Secretary shall determine the normal carrying capacity and normal grazing period for each type of grazing land or pastureland in the county served by the applicable committee.

(Ⅱ) CHANGES.—No change to the normal carrying capacity or normal grazing period established for a county under subclause (I) shall be made unless the change is requested by the appropriate State and county Farm Service Agency committees.

(ii) DROUGHT INTENSITY.—

(Ⅰ) D2.—An eligible livestock producer that owns or leases grazing land or pastureland that is physically located in a county that is rated by the U.S. Drought Monitor as having a D2 (severe drought) intensity in any area of the county for at least 8 consecutive weeks during the normal grazing period for the county, as determined by the Secretary, shall be eligible to receive assistance under this paragraph in an amount equal to 1 monthly payment using the monthly payment rate determined under subparagraph (B).

(Ⅱ) D3.—An eligible livestock producer that owns or leases grazing land or pastureland that is physically located in a county that is rated by the U.S. Drought Monitor as having at least a D3 (extreme drought) intensity in any area of the county at any time during the normal grazing period for the county, as determined by the Secretary, shall be eligible to receive assistance under this paragraph—

(aa) in an amount equal to 2 monthly payments using the monthly payment rate determined under subparagraph (B); or

(bb) if the county is rated as having a D3 (extreme drought) intensity in any area of the county for at least 4 weeks during the normal grazing period for the county, or is rated as having a D4 (exceptional drought) intensity in any area of the county at any time during the normal grazing period, in an amount equal to 3 monthly payments using the monthly payment rate determined under subparagraph (B).

(4) ASSISTANCE FOR LOSSES DUE TO FIRE ON PUBLIC MANAGED LAND.—

(A) IN GENERAL.—An eligible livestock producer may receive assistance under this paragraph only if—

(i) the grazing losses occur on rangeland that is managed by a Federal agency; and

(ii) the eligible livestock producer is prohibited by the Federal agency from grazing the normal permitted livestock on the managed rangeland due to a fire.

(B) PAYMENT RATE.—The payment rate for assistance under this paragraph shall be equal to 50 percent of the monthly feed cost for the total number of livestock covered by the Federal lease of the eligible livestock producer, as determined under paragraph (3)(C).

(C) PAYMENT DURATION.—

(i) IN GENERAL.—Subject to clause (ii), an eligible livestock producer shall be eligible to receive assistance under this paragraph for the period—

(Ⅰ) beginning on the date on which the Federal agency excludes the eligible livestock producer from using the managed rangeland for grazing; and

(Ⅱ) ending on the last day of the Federal lease of the eligible livestock producer.

(ii) LIMITATION. An eligible livestock producer may only receive assistance under this paragraph for losses that occur on not more than 180 days per year.

(5) MINIMUM RISK MANAGEMENT PURCHASE REQUIREMENTS.—

(A) IN GENERAL.—Except as otherwise provided in this paragraph, a livestock producer shall only be eligible for assistance under this subsection if the livestock producer—

(i) obtained a policy or plan of insurance under subtitle A for the grazing land incurring the losses for which assistance is being requested; or

(ii) filed the required paperwork, and paid the administrative fee by the applicable State filing deadline, for the noninsured crop assistance program for the grazing land incurring the losses for which assistance is being requested.

(B) WAIVER FOR SOCIALLY DISADVANTAGED, LIMITED RESOURCE, OR BEGINNING FARMER OR RANCHER.—In the case of an eligible livestock producer that is a socially disadvantaged farmer or rancher or limited resource or beginning farmer or rancher, as determined by the Secretary, the Secretary may—

(i) waive subparagraph (A); and

(ii) provide disaster assistance under this subsection at a level that the Secretary determines to be equitable and appropriate.

(C) WAIVER FOR 2008 CALENDAR YEAR.—In the case of an eligible livestock producer that suffered losses on grazing land during the 2008 calendar year but does not meet the requirements of subparagraph (A), the Secretary shall waive subparagraph (A) if the eligible livestock producer pays a fee in an amount equal to the applicable noninsured crop assistance program fee or catastrophic risk protection plan fee required under subparagraph (A) to the Secretary not later than 90 days after the date of enactment of this subtitle.

(D) EQUITABLE RELIEF.—

(i) IN GENERAL.—The Secretary may provide equitable relief to an eligible livestock producer that is otherwise ineligible or unintentionally fails to meet the requirements of subparagraph (A) for the grazing land incurring the loss on a case-by-case basis, as determined by the Secretary.

(ii) 2008 CALENDAR YEAR.—In the case of an eligible livestock producer that suffered losses on grazing land during the 2008 calendar year, the Secretary shall take special consideration to provide equitable relief in cases in which the eligible livestock producer failed to meet the requirements of subparagraph (A) due to the enactment of this subtitle after the closing date of sales periods for crop insurance under subtitle A and the noninsured crop assistance program.

(6) NO DUPLICATIVE PAYMENTS.—

(A) IN GENERAL.—An eligible livestock producer may elect to receive assistance for grazing or pasture feed losses due to drought conditions under paragraph (3) or fire under paragraph (4), but not both for the same loss, as determined by the Secretary.

(B) RELATIONSHIP TO SUPPLEMENTAL REVENUE ASSISTANCE.—An eligible livestock producer that receives assistance under this subsection may not also receive assistance for losses to crops on the same land with the same intended use under subsection (b).

(7) AUTHORIZATION OF APPROPRIATIONS.—There is authorized to be appropriated to carry out this subsection $400,000,000 for each of fiscal years 2012 and 2013.

(e) EMERGENCY ASSISTANCE FOR LIVESTOCK, HONEY BEES, AND FARM-RAISED FISH.—

(1) IN GENERAL.—The Secretary shall provide emergency relief to eligible producers of livestock, honey bees, and farm-raised fish to aid in the reduction of losses due to disease, adverse weather, or other conditions, such as blizzards and wildfires, as determined by the Secretary, that are not covered under subsection (b), (c), or (d).

(2) USE OF FUNDS.—Funds made available under this subsection shall be used to reduce losses caused by feed or water shortages, disease, or other factors as determined by the Secretary.

(3) AVAILABILITY OF FUNDS.—Any funds made available under this subsection shall remain available until expended.

(4) AUTHORIZATION OF APPROPRIATIONS.—There is authorized to be appropriated to carry out this subsection $50,000,000 for each of fiscal years 2012 and 2013.

(f) TREE ASSISTANCE PROGRAM .—

(1) DEFINITIONS .—In this subsection:

(A) ELIGIBLE ORCHARDIST.—The term "eligible orchardist"means a person that produces annual crops from trees for commercial purposes.

(B) NATURAL DISASTER.—The term "natural disaster" means plant disease, insect infestation, drought, fire, freeze, flood, earthquake, lightning, or other occurrence, as determined by the Secretary.

(C) NURSERY TREE GROWER.—The term "nursery tree grower" means a person who produces nursery, ornamental, fruit, nut, or Christmas trees for commercial sale, as determined by the Secretary.

(D) TREE.—The term"tree"includes a tree, bush, and vine.

(2) ELIGIBILITY.—

(A) LOSS.—Subject to subparagraph (B), the Secretary shall provide assistance—

(i) under paragraph (3) to eligible orchardists and nursery tree growers that planted trees for commercial purposes but lost the trees as a result of a natural disaster, as determined by the Secretary; and

(ii) under paragraph (3)(B) to eligible orchardists and nursery tree growers that have a production history for commercial purposes on planted or existing trees but lost the trees as a result of a natural disaster, as determined by the Secretary.

(B) LIMITATION.—An eligible orchardist or nursery tree grower shall qualify for assistance under subparagraph (A) only if the tree mortality of the eligible orchardist or nursery tree grower, as a result of damaging weather or related condition, exceeds 15 percent (adjusted for normal mortality).

(3) ASSISTANCE.—Subject to paragraph (4), the assistance provided by the Secretary to eligible orchardists and nursery tree growers for losses described in paragraph (2) shall consist of—

(A) (i) reimbursement of 70 percent of the cost of replanting trees lost due to a natural disaster, as determined by the Secretary, in excess of 15 percent mortality (adjusted for normal mortality); or

(ii) at the option of the Secretary, sufficient seedlings to reestablish a stand; and

(B) reimbursement of 50 percent of the cost of pruning, removal, and other costs incurred by an eligible orchardist or nursery tree grower to salvage existing trees or, in the case of tree mortality, to prepare the land to replant trees as a result of damage or tree mortality due to a natural disaster, as determined by the Secretary, in excess of 15 percent damage or mortality (adjusted for normal tree damage and mortality).

(4) LIMITATIONS ON ASSISTANCE.—

(A) DEFINITIONS OF LEGAL ENTITY AND PERSON.—In this paragraph, the terms"legal entity" and"person"have the meaning given those terms in section 1001(a) of the Food Security Act of 1985 [7 U.S.C. 1308(a)] (as amended by section 1603 of the Food, Conservation, and Energy Act of 2008).

(B) AMOUNT.—The total amount of payments received, directly or indirectly, by a person or legal entity (excluding a joint venture or general partnership) under this subsection may not exceed $100,000 for any crop year, or an equivalent value in tree seedlings.

(C) ACRES.—The total quantity of acres planted to trees or tree seedlings for which a person or legal entity shall be entitled to receive payments under this subsection may not exceed 500 acres.

(5) AUTHORIZATION OF APPROPRIATIONS.—There is authorized to be appropriated to carry out this subsection $20,000,000 for each of fiscal years 2012 and 2013.

(g) RISK MANAGEMENT PURCHASE REQUIREMENT.—

(1) IN GENERAL.—Except as otherwise provided in this section, the eligible producers on a farm shall not be eligible for assistance under this section (other than subsections (c) and (d)) if the eligible producers on the farm—

(A) in the case of each insurable commodity of the eligible producers on the farm, excluding grazing land, did not obtain a policy or plan of insurance under subtitle A (excluding a crop insurance pilot program under that subtitle); or

(B) in the case of each noninsurable commodity of the eligible producers on the farm, did not file the required paperwork, and pay the administrative fee by the applicable State filing deadline, for the noninsured crop assistance program.

(2) MINIMUM.—To be considered to have obtained insurance under paragraph (1)(A), an eligible producer on a farm shall have obtained a policy or plan of insurance with not less than 50 percent yield coverage at 55 percent of the insurable price for each crop planted or intended to be planted for harvest on a whole farm.

(3) WAIVER FOR SOCIALLY DISADVANTAGED, LIMITED RESOURCE, OR BEGINNING FARMER OR RANCHER.—With respect to eligible producers that are socially disadvantaged farmers or ranchers or limited resource or beginning farmers or ranchers, as determined by the Secretary, the Secretary may—

(A) waive paragraph (1); and

(B) provide disaster assistance under this section at a level that the

Secretary determines to be equitable and appropriate.

(4) WAIVERS FOR CERTAIN CROP YEARS.—

(A) 2008 CROP YEAR.—In the case of an eligible producer that suffered losses in an insurable commodity or noninsurable commodity during the 2008 crop year but does not meet the requirements of paragraph (1), the Secretary shall waive paragraph (1) if the eligible producer pays a fee in an amount equal to the applicable noninsured crop assistance program fee or catastrophic risk protection plan fee required under paragraph (1) to the Secretary not later than 90 days after the date of enactment of this subtitle.

(B) 2009 CROP YEAR.—In the case of an insurable commodity or noninsurable commodity for the 2009 crop year that does not meet the requirements of paragraph (1) and the relevant crop insurance program sales closing date or noninsured crop assistance program fee payment date was prior to August 14, 2008, the Secretary shall waive paragraph (1) if the eligible producer of the insurable commodity or noninsurable commodity pays a fee in an amount equal to the applicable noninsured crop assistance program fee or catastrophic risk protection plan fee required under paragraph (1) to the Secretary not later than 90 days after the date of enactment of this subparagraph.

(5) EQUITABLE RELIEF.—

(A) IN GENERAL.—The Secretary may provide equitable relief to eligible producers on a farm that are otherwise ineligible or unintentionally fail to meet the requirements of paragraph (1) for 1 or more crops on a farm on a case-by-case basis, as determined by the Secretary.

(B) 2008 CROP YEAR.—In the case of eligible producers on a farm that suffered losses in an insurable commodity or noninsurable commodity during the 2008 crop year, the Secretary shall take special consideration to provide equitable relief in cases in which the eligible producers failed to meet the requirements of paragraph (1) due to the enactment of this subtitle after the closing date of sales periods for crop insurance under subtitle A and the noninsured crop assistance program.

(6) DE MINIMIS EXCEPTION.—

(A) IN GENERAL.—For purposes of assistance under subsection (b), at the option of an eligible producer on a farm, the Secretary shall waive paragraph (1)—

(i) in the case of a portion of the total acreage of a farm of the eligible producer that is not of economic significance on the farm, as established by the Secretary; or

(ii) in the case of a crop for which the administrative fee required for the purchase of noninsured crop disaster assistance coverage exceeds 10 percent of the value of that coverage.

(B) TREATMENT OF ACREAGE.—The Secretary shall not consider the value of any crop exempted under subparagraph (A) in calculating the supplemental revenue assistance program guarantee under subsection (b)(3) and the total farm revenue under subsection (b)(4).

(7) 2008 TRANSITION ASSISTANCE.—

(A) IN GENERAL.—Eligible producers on a farm described in subparagraph (A) of paragraph (4) that failed to timely pay the appropriate fee described in that subparagraph shall be eligible for assistance under this section in accordance with subparagraph (B) if the eligible producers on the farm—

(i) pay the appropriate fee described in paragraph (4)(A) not later than 90 days after the date of enactment of this paragraph; and

(ii) (Ⅰ) in the case of each insurable commodity of the eligible producers on the farm, excluding grazing land, agree to obtain a policy or plan of insurance under subtitle A (excluding a crop insurance pilot program under that subtitle) for the next insurance year for which crop insurance is available to the eligible producers on the farm at a level of coverage equal to 70 percent or more of the recorded or appraised average yield indemnified at 100 percent of the expected market price, or an equivalent coverage; and

(Ⅱ) in the case of each noninsurable commodity of the eligible producers on the farm, agree to file the required paperwork, and pay the administrative fee by the applicable State filing deadline, for the noninsured crop assistance program for the next year for which a policy is available.

(B) AMOUNT OF ASSISTANCE.—Eligible producers on a farm that meet the requirements of subparagraph (A) shall be eligible to receive assistance under this section as if the eligible producers on the farm—

(i) in the case of each insurable commodity of the eligible producers on the farm, had obtained a policy or plan of insurance for the 2008 crop year at a level of coverage not to exceed 70 percent or more of the recorded or appraised average yield indemnified at 100 percent of the expected market price, or an equivalent coverage; and

(ii) in the case of each noninsurable commodity of the eligible producers on the farm, had filed the required paperwork, and paid the administrative fee by the applicable State filing deadline, for the noninsured crop assistance program for the 2008 crop year, except that in determining the level of coverage, the Secretary shall use 70 percent of the applicable yield.

(C) EQUITABLE RELIEF.—Except as provided in subparagraph (D), eligible producers on a farm that met the requirements of paragraph (1) before the deadline described in paragraph (4)(A) and are eligible to receive, a disaster assistance payment under this section for a production loss during the 2008 crop year shall be eligible to receive an amount equal to the greater of

(i) the amount that would have been calculated under subparagraph (B) if the eligible producers on the farm had paid the appropriate fee under that subparagraph; or

(ii) the amount that would have been calculated under subparagraph (A) of subsection (b)(3) if—

(Ⅰ) in clause (i) of that subparagraph, "120 percent" is substituted for"115 percent"; and

(Ⅱ) in clause (ii) of that subparagraph,"125" is substituted for"120 percent".

(D) LIMITATION.—For amounts made available under this paragraph, the Secretary may make such adjustments as are necessary to ensure that no producer receives a payment under this paragraph for an amount in excess of the assistance received by a similarly situated producer that had purchased the same or higher level of crop insurance prior to the date of enactment of this paragraph.

(E) AUTHORITY OF THE SECRETARY.—The Secretary may provide such additional assistance as the Secretary considers appropriate to provide equitable treatment for eligible producers on a farm that suffered production losses in the 2008 crop year that result in multiyear production losses, as determined by the Secretary.

(F) LACK OF ACCESS.—Notwithstanding any other provision of this section, the Secretary may provide assistance (including multiyear assistance) under this section to eligible producers on a farm that—

(i) suffered a production loss or multiyear production losses due to a natural cause during the 2008 crop year; and

(ii) as determined by the Secretary—

(Ⅰ) (aa) except as provided in item (bb), lack access to a policy or plan of insurance under subtitle A; or

(bb) do not qualify for a written agreement because 1 or more farming practices, which the Secretary has determined are good farming practices, of the eligible producers on the farm differ significantly from the farming practices used by producers of the same crop in other regions of the United States; and

(Ⅱ) are not eligible for the noninsured crop disaster assistance program established by section 196 of the Federal Agriculture Improvement and Reform Act of 1996 (7 U.S.C. 7333).

(h) PAYMENT LIMITATIONS .—

(1) DEFINITIONS OF LEGAL ENTITY AND PERSON.—In this subsection, the terms "legal entity" and "person" have the meaning given those terms in section 1001(a) of the Food Security Act of 1985 (7 U.S.C. 1308(a) (as amended by section 1603 of the Food, Conservation, and Energy Act of 2008).

(2) AMOUNT.—The total amount of disaster assistance payments received, directly or indirectly, by a person or legal entity (excluding a joint venture or general partnership) under this section (excluding payments received under subsection (f)) may not exceed $100,000 for any crop year.

(3) AGI LIMITATION.—Section 1001D of the Food Security Act of 1985 (7 U.S.C. 1308–3a) or any successor provision shall apply with respect to assistance provided under this section.

(4) DIRECT ATTRIBUTION.—Subsections (e) and (f) of section 1001 of the Food Security Act of 1985 (7 U.S.C. 1308) or any successor provisions relating to direct attribution shall apply with respect to assistance provided under this section.

(5) TRANSITION RULE.—Sections 1001, 1001A, 1001B, and 1001D of the Food Security Act of 1985 (7 U.S.C. 1308 et seq.) as in effect on September 30, 2007, shall continue to apply with respect to 2008 crops.

(i) PERIOD OF EFFECTIVENESS.—This section shall be effective only for losses that are incurred as the result of a disaster, adverse weather, or other environmental condition that occurs on or before September 30, 2011, or, in the case of subsections (c) through (f), September 30, 2013 as determined by the Secretary.

(j) NO DUPLICATIVE PAYMENTS.—In implementing any other program which makes disaster assistance payments (except for indemnities made under subtitle A and section 196 of the Federal Agriculture Improvement and Reform Act of 1996), the Secretary shall prevent duplicative payments with respect to the same loss for which a person receives a payment under subsections (b), (c), (d), (e), or (f).

(k) APPLICATION .—

(1) IN GENERAL.—Subject to paragraph (2) and notwithstanding any provision of subtitle A, subtitle A shall not apply to this subtitle.

(2) CROSS REFERENCES.—Paragraph (1) shall not apply to a specific reference in this subtitle to a provision of subtitle A.

致　谢

历时将近一年，《2018年美国联邦农作物保险法》终于完成了翻译和五次修订，提交出版社。

原本我翻译这部法律，只是想全面了解和学习美国原汁原味的、最新版农业保险法律到底是怎么规定的。由于英文版法律不是母语，篇幅特别长，体例和国内法律差异很大，容易看完后面又忘了前面，很难形成系统的认知。所以，我决定把它翻译出来，变成母语可能会好一些。

初稿翻译完后，我的同事——河北经贸大学外国语学院的薛玉红副教授对此非常感兴趣，也想了解和学习。她是英语专业，在美国留学一年，熟谙英美文化和美国法律。我请她从英语语言和英美文化的角度帮我审核一下译文初稿。她很认真，花费了三四个月的时间，逐字逐句地审核纠正。

后来，我国德高望重的农险权威专家庹国柱教授，知道我翻译完《2018年美国联邦农作物保险法》后，说这个工作意义重大，鼓励我出版，还非常热情地帮我联系了出版社。庹老师是我国最早研究农业保险的学者之一，也是农业保险领域研究成果最多、对农业保险发展贡献最大的学者。他早在1997年就翻译过1980年版的《美国联邦农作物保险法》，这次译著得以出版，都是庹老师鼓励、帮助的功劳。所以，邀请庹老师作序，意义深远，非常荣幸。

保险界的一些同仁，得知我在做这项工作，都觉得很有意义，还说要预定书，这也给了我很大的鼓励。

最后，要郑重、由衷地感谢中国财政经济出版社金融分社郁东敏社长，为我们提供了宝贵的出版机会，让《美国〈联邦农作物保险法〉》的出版愿望最终得以实现。

虽然我们已经尽全力，但由于水平有限，难免会出现翻译不准之处，敬请各位读者批评指正，我们争取在后续版本中及时更正。

冯文丽

2023年3月1日